Italija na Vašem Tanjuru

Kuhanje s Strastvenim Okusima Apenina

Elena Marini

SADRŽAJ

Linguine s češnjakom, uljem i feferonima 8

Špageti s češnjakom i maslinama 10

Linguine s pestom 12

Tanke špagete s orasima 15

Linguine sa sušenim rajčicama 17

Špageti s paprikom, pecorinom i bosiljkom 19

Penne s tikvicama, bosiljkom i jajetom 23

Tjestenina s graškom i jajima 26

Linguine s mahunama, rajčicama i bosiljkom 29

Uši s kremom od krumpira i rikulom 32

tjestenina i krumpir 35

Dagnje s cvjetačom i sirom 39

Tjestenina s cvjetačom, šafranom i ribizlom 41

Muhe s artičokama i graškom 44

Fettuccine s artičokama i gljivama 47

Rigatoni s raguom od patlidžana 51

Sicilijanski špageti s patlidžanima 54

Leptir s brokulom, rajčicama, pinjolima i grožđicama 57

Cavatelli sa zelenim češnjakom i krumpirom 59

Linguine s tikvicama 62

Pene s povrćem na žaru 65

Penne s gljivama, češnjakom i ružmarinom 69

Linguine s ciklom i češnjakom 71

Letite s repom i zeljem 73

Tjestenina sa salatom 76

Fusilli s pečenim rajčicama 78

Lakat s krumpirom, rajčicama i rikulom 81

Romanski jezik na seljački način 84

Penne s proljetnim povrćem i češnjakom 87

"Vučna" tjestenina s vrhnjem i gljivama 89

Rimska tjestenina s rajčicama i mozzarellom 92

Fusilli s tunom i rajčicama 94

Linguine sa sicilijanskim pestom 96

Špageti s "Crazy" pestom 98

Fly s nekuhanim puttanesca umakom 100

Tjestenina sa sirovim povrćem 102

"Požuri" špagete 104

"Ljutita" Penne 107

Rigatoni s ricottom i umakom od rajčice 109

Leptir s cherry rajčicama i mrvicama 111

Ziti sa špinatom i ricottom 113

Rigatoni s četiri sira 116

Linguine s kremastim umakom od oraha 118

Let s Amarettijem 120

Špageti s pečenim jajima na salernski način 122

Tagliarini sufle 125

Špageti na ugljenu 130

Bucatini s rajčicom, pancetom i feferoni 132

Penne s pancetom, pecorinom i crnim paprom 135

Penne sa svinjetinom i cvjetačom 139

Špageti s umakom od votke 142

Leptir sa šparogama, vrhnjem i šunkom 145

Perje "navučeno" s mesnim umakom 147

Špageti na Caruso način 150

Pennes s grahom i pancetom 152

Tjestenina sa slanutkom 156

Rigatonijev Rigoletto 158

Annini prženi špageti 161

Timbale tjestenina od patlidžana 164

Prženi ziti 169

Sicilijanska pržena tjestenina 171

Sophia Loren zapečena tjestenina 176

Linguine s umakom od školjki 179

Toskanski špageti sa dagnjama 182

Linguine s inćunima i pikantnim umakom od rajčice 186

Linguine sa škampima i malim rajčicama 188

Linguine s miješanim umakom od plodova mora 191

Tanke špagete štapićima 194

Venecijanski špageti od cjelovitog zrna u umaku od inćuna 196

Špageti Capri stil... 198

Venecijanski linguine sa škampima 201

Tjestenina sa sardinama i komoračem 204

Penne s tikvicama, sabljarkom i začinskim biljem 208

Špageti s baccalom na Badnjak 211

Linguine s pestom od tune 214

Hladna tjestenina s konfetima od povrća i plodovima mora 216

Linguine s češnjakom, uljem i feferonima

Linguine Aglio, Olio i Peperoncino

Za 4-6 obroka

Češnjak, voćno ekstra djevičansko maslinovo ulje, peršin i paprika jednostavni su začini za ovu najukusniju tjesteninu. Ekstra djevičansko maslinovo ulje jednako je važno kao i svježi češnjak i peršin. Polako kuhajte češnjak kako bi ulje proželo svojim snažnim okusom. Boja češnjaka ne smije postati zlaćanija, inače će okus biti gorak i oštar. Neki kuhari izostavljaju peršin, ali ja volim svježi okus.

1/2 šalice ekstra djevičanskog maslinovog ulja

4-6 velikih češnja češnjaka, tanko narezanih

1/2 žličice mljevene crvene paprike

1/3 šalice nasjeckanog svježeg plosnatog peršina

Sol

1 funta linguina ili špageta

1. Ulijte ulje u tavu dovoljno veliku da u nju stavite kuhanu tjesteninu. Dodajte češnjak i mljevenu crvenu papriku. Kuhajte na srednje jakoj vatri, često miješajući, dok češnjak ne porumeni, oko 4 do 5 minuta. Umiješajte peršin i ugasite vatru.

2. Prokuhajte najmanje 4 litre hladne vode. Dodajte 2 žlice soli, zatim dodajte tjesteninu i pritisnite dok potpuno ne potopi. Kuhajte na jakoj vatri uz često miješanje dok tjestenina ne postane al dente, mekana, ali čvrsta na zalogaj. Odvojite malo vode od kuhanja. Tjesteninu procijedite i zajedno s umakom stavite u tavu.

3. Promiješajte i kuhajte na srednje jakoj vatri dok se tjestenina dobro ne prekrije umakom. Ako vam se tjestenina čini suha dodajte malo vode od kuhanja. Poslužite odmah.

Verzija: Uz češnjak dodajte nasjeckane crne ili zelene masline, kapare ili inćune. Poslužite s krušnim mrvicama prepřženim na maslinovom ulju ili posipanim naribanim sirom.

Špageti s češnjakom i maslinama

Spaghetti al Aglio i maslina

Za 4-6 obroka

Ovaj brzi umak za tjesteninu možete napraviti s maslinama koje sami otkoštite i nasjeckate, ali zgodnija je pripremljena pasta od maslina. Budući da pasta od maslina i masline mogu biti slani, u ovo jelo nemojte dodavati ribani sir.

1/4 šalice maslinovog ulja

3 češnja češnjaka, tanko narezana

Prstohvat mljevene crvene paprike

1/4 šalice paste od zelenih maslina ili po ukusu ili 1 šalica nasjeckanih zelenih maslina bez koštica

2 žlice nasjeckanog svježeg peršina

Sol

1 kg špageta ili linguina

1. Ulijte ulje u tavu dovoljno veliku da u nju stavite kuhanu tjesteninu. Dodajte češnjak i mljevenu crvenu papriku. Kuhajte na srednjoj vatri dok češnjak ne porumeni, oko 4-5 minuta. Umiješajte pastu od maslina ili masline i peršin pa maknite tavu s vatre.

2. Zakuhajte 4 litre vode u velikoj posudi. Dodati 2 žlice soli pa dodati tjesteninu i lagano pritisnuti dok potpuno ne potone u vodu. Kuhajte na jakoj vatri uz često miješanje dok tjestenina ne postane al dente, mekana, ali čvrsta na zalogaj. Odvojite malo vode od kuhanja. Tjesteninu procijedite i zajedno s umakom stavite u tavu.

3. Promiješajte i kuhajte na srednje jakoj vatri dok se tjestenina dobro ne prekrije umakom. Dodajte malo kipuće vode ako se tjestenina čini suhom. Poslužite odmah.

Linguine s pestom

Linguine s pestom

Za 4-6 obroka

U Liguriji se pesto priprema drobljenjem češnjaka i začinskog bilja u mužaru dok ne postane gusta pasta. Tamo koriste različite bosiljke blagog okusa s malim listovima ne većim od pola inča. Pesto koji on radi puno je ukusniji od pesta od bosiljka koji je dostupan u SAD-u. Bliže okusu ligurskog pesta, dodam malo peršina. Peršin bolje zadržava boju od bosiljka koji voli pocrniti kad se nasjecka, a pesto ostaje baršunasto zelen. Putujete li Ligurijom i uživate u vrtlarstvu, kupite paketić sitnih sjemenki bosiljka i posadite ih u svom kućnom vrtu. Ne postoji zabrana donošenja pakiranog sjemena kući iz Italije.

1 šalica dobro zbijenih listova bosiljka, opranih i osušenih

¼ šalice čvrsto zbijenog svježeg peršina, opranog i osušenog

2 žlice pinjola ili blanširanih badema

1 režanj češnjaka

Krupna sol

1/3 šalice ekstra djevičanskog maslinovog ulja

1 funta linguina

1/2 šalice svježe naribanog parmigiano-reggiana

2 žlice neslanog maslaca, omekšalog

1. List bosiljka i peršina s pinjolima, češnjakom i prstohvatom soli sitno nasjeckajte u kuhaču. Postupno dodajte maslinovo ulje u tankom mlazu i miješajte dok ne postane glatko. kušati začin.

2. Zakuhajte 4 litre vode u velikoj posudi. Dodati 2 žlice soli pa dodati tjesteninu i lagano pritisnuti dok potpuno ne potone u vodu. Dobro promiješajte. Kuhajte uz često miješanje dok tjestenina ne postane al dente, mekana, ali čvrsta na zalogaj. Odvojite malo vode od kuhanja. Ocijedite tijesto.

3. Stavite tijesto u veliku zagrijanu zdjelu. Dodajte pesto, sir i maslac. Dobro promiješajte, po potrebi dodajte malo vode za tjesteninu da razrijedite pesto. Poslužite odmah.

Tanke špagete s orasima

Spaghettini con le Noci

Za 4-6 obroka

Ovo je napuljski recept koji se često jede u obrocima petkom bez mesa. Za ovaj umak za tjesteninu potrebno je orahe jako sitno nasjeckati kako bi se komadići zalijepili za tjesteninu dok ih okrećete. Nasjeckajte ih nožem ili kuhačom ako želite, ali nemojte ih pasirati.

1/4 šalice maslinovog ulja

3 veća češnja češnjaka, malo zgnječena

1 šalica nasjeckanih oraha

Sol

1 funta špageta, fine linguine ili vermicelli

1/2 šalice svježe naribanog pecorina romana

Svježe mljeveni crni papar

2 žlice nasjeckanog svježeg peršina

1. Ulijte ulje u posudu dovoljno veliku da u nju stane tjestenina. Dodajte češnjak i kuhajte na umjerenoj vatri. Češnjak povremeno pritisnite stražnjom stranom žlice dok ne poprimi duboku zlatnu boju, otprilike 3-4 minute. Izvadite češnjak iz tave. Umiješajte orahe i kuhajte dok lagano ne porumene, oko 5 minuta.

2. Zakuhajte najmanje 4 litre vode u velikoj posudi. Dodajte 2 žlice soli, pa tjesteninu. Dobro promiješajte. Kuhajte na jakoj vatri uz često miješanje dok tjestenina ne postane al dente, mekana, ali čvrsta na zalogaj. Ocijedite tjesteninu i sačuvajte malo vode od kuhanja.

3. Prelijte tjesteninu umakom od oraha i dovoljno vode od kuhanja da ostane vlažna. Dodajte sir i obilno mljeveni crni papar. Baci dobro. Dodajte peršin i poslužite odmah.

Linguine sa sušenim rajčicama

Linguine s pomodori secchi

Za 4-6 obroka

Teglica mariniranih sušenih rajčica u smočnici i neočekivani gosti bili su inspiracija za ovo brzo jelo od tjestenine. Ulje u koje se pakira većina ukiseljenih sušenih rajčica obično nije najbolje kvalitete. Stoga ga radije ocijedim i ovom jednostavnom umaku dodam vlastito ekstra djevičansko maslinovo ulje.

1 šalica ukiseljenih sušenih rajčica, ocijeđenih

1 mali režanj češnjaka

1/4 šalice ekstra djevičanskog maslinovog ulja

1 žlica balzamičnog octa

Sol

1 funta linguina

6 listova svježeg bosiljka, savijenih i narezanih na tanke trakice

1. Pomiješajte rajčice i češnjak u procesoru hrane ili blenderu i miksajte dok ne budu vrlo fini. Polako dodajte ulje i ocat i miješajte dok ne postane glatko. kušati začin.

2. Zakuhajte najmanje 4 litre vode u velikoj posudi. Dodati 2 žlice soli pa dodati tjesteninu i lagano pritisnuti dok potpuno ne potone u vodu. Dobro promiješajte. Kuhajte na jakoj vatri uz često miješanje dok tjestenina ne postane al dente, mekana, ali čvrsta na zalogaj. Odvojite malo vode od kuhanja. Ocijedite tijesto.

3. U veću zdjelu pomiješajte tjesteninu s umakom od rajčice i svježim bosiljkom te po potrebi dodajte malo vode za tjesteninu. Poslužite odmah.

Verzija: U tjesteninu i umak dodajte konzervu ocijeđene tune u maslinovom ulju. Ili dodajte nasjeckane crne masline ili inćune.

Špageti s paprikom, pecorinom i bosiljkom

Špageti s feferonima

Za 4-6 obroka

Jesti špagete, linguine ili drugu dugačku tjesteninu žlicom i vilicom nije dobar običaj u Italiji, kao ni rezanje niti na kratke komade. Od malih nogu djeca uče omotati nekoliko niti tjestenine oko vilice i pravilno je pojesti bez žvakanja.

Prema jednoj od priča, za tu je svrhu sredinom 19. stoljeća izumljena trokraka vilica. Do tada se tjestenina uvijek jela rukama, a vilice su imale samo dva zupca jer su se njima uglavnom rezalo meso. II. Napuljski kralj Ferdinand zamolio je komornika Cesarea Spadaccinija da pronađe način posluživanja duge tjestenine na dvorskim banketima. Spadaccini je izumio vilicu s tri kraka i ostalo je povijest.

Svježi ljuti čili čili tipičan je za kalabrijsku kuhinju. Ovdje se kombinira s paprikom i poslužuje uz špagete. Naribani pecorino ukusan je, slan kontrapunkt slatkoći paprike i bosiljka.

¼ šalice maslinovog ulja

4 velike crvene paprike narezane na tanke trakice

1 ili 2 mala svježa čilija, očišćena od sjemenki i nasjeckana, ili prstohvat mljevene crvene paprike

Sol

2 režnja češnjaka, tanko narezana

12 tanko narezanih listova svježeg bosiljka

⅓ šalice svježe naribanog pecorina romana

1 kilogram špageta

1. U tavi dovoljno velikoj da u nju stane kuhana tjestenina zagrijte ulje na srednje jakoj vatri. Dodajte papriku, čili i sol. Kuhajte 10 minuta uz povremeno miješanje.

2. Umiješajte češnjak. Poklopite i kuhajte još 10 minuta ili dok paprika ne omekša. Maknite s vatre i umiješajte bosiljak.

3. Zakuhajte najmanje 4 litre vode u velikoj posudi. Dodati 2 žlice soli pa dodati tjesteninu i lagano pritisnuti dok

potpuno ne potone u vodu. Dobro promiješajte. Kuhajte uz često miješanje dok špageti ne postanu al dente, mekani, ali čvrsti na zalogaj. Odvojite malo vode od kuhanja. Tjesteninu procijedite i zajedno s umakom stavite u tavu.

4.Kuhajte na umjerenoj vatri 1 minutu uz stalno miješanje. Dobro promiješajte i dodajte malo vode za tjesteninu. Dodati sir i opet izmiksati. Poslužite odmah.

Penne s tikvicama, bosiljkom i jajetom

Penne con Zucchini i Uova

Za 4-6 obroka

Mit se nastavlja da je tjesteninu "izumio" u Kini i donio u Italiju Marko Polo. Dok se tjestenina jela kada je Polo posjetio Kinu, tjestenina je bila poznata u Italiji mnogo prije nego što se on vratio u Veneciju 1279. godine. Arheolozi su pronašli crteže i posude za kuhanje koje podsjećaju na moderne alate za pripremu tjestenine, npr. B. Valjak i daska za rezanje, u etruščanskoj grobnici pr. iz 4. stoljeća. PRIJE KRISTA n. br. sjeverno od Rima. Legenda vjerojatno potječe iz njegovog hollywoodskog portreta venecijanskog istraživača u filmu iz 1930. u kojem glumi Gary Cooper.

U ovom napolitanskom receptu, toplina tjestenine i povrća kuha jaja dok ne postanu kremasta i lagano stvrdnuta.

4 srednje tikvice (oko 1 1/4 funte), oguljene

1/3 šalice maslinovog ulja

1 manja glavica luka sitno nasjeckana

Sol i svježe mljeveni crni papar

3 velika jaja

1/2 šalice svježe naribanog Pecorina Romano ili Parmigiano-Reggiano

1 funta olovaka

1/2 šalice nasjeckanog svježeg bosiljka ili peršina

1. Izrežite tikvice na kriške debljine 1/4 inča, dugačke oko 1 1/2 inča. Obrišite komade suhom.

2. Ulijte ulje u tavu dovoljno veliku da u nju stavite kuhanu tjesteninu. Dodajte luk i kuhajte na srednje jakoj vatri, povremeno miješajući, dok ne omekša, oko 5 minuta. Dodajte tikvice i kuhajte, često miješajući, dok lagano ne porumene, oko 10 minuta. Sol i papar.

3. U srednjoj posudi začinite jaja sirom, solju i paprom.

4. Dok se tikvice peku, u velikom loncu zakuhajte oko 4 litre vode. Dodajte 2 žlice soli i tjesteninu. Dobro promiješajte. Kuhajte na jakoj vatri uz često miješanje dok tjestenina ne postane al dente, mekana, ali čvrsta na zalogaj. Odvojite malo vode od kuhanja. Tjesteninu procijedite i zajedno s umakom stavite u tavu.

5. Zamijesite tijesto sa smjesom od jaja. Dodajte bosiljak i dobro promiješajte. Ako vam se tjestenina čini suha dodajte malo vode od kuhanja. Dodajte obilato prstohvat papra i odmah poslužite.

Tjestenina s graškom i jajima

Tjestenina s Pisellijem

Za 4 porcije

Moja majka je često pravila ovo starinsko jelo dok sam bila mala. Koristio je grašak iz konzerve, ali ja volim smrznut jer je svježijeg okusa i čvršće teksture. Lomljenje špageta na male komadiće možda je protivno tradiciji, ali je ključno za porijeklo recepta. Kad su ljudi bili siromašni, a hrane bilo u izobilju, bilo je lako povećati sastojke dodavanjem više vode i od toga napraviti juhu.

Ovo je jedno od onih jela koje uvijek mogu pripremiti jer imam rijetku vrećicu graška u zamrzivaču, tjesteninu u smočnici i nekoliko jaja u hladnjaku. Pošto su grašak, jaja i tjestenina dosta zasitni, ovu količinu obično napravim za 4 porcije. Dodajte pola kilograma tjestenine ako želite 6-8 porcija.

1/4 šalice maslinovog ulja

1 veliki crveni luk, sitno narezan

1 paket smrznutog mladog graška, djelomično odmrznutog

Sol i svježe mljeveni crni papar

2 velika jaja

1/2 šalice svježe naribanog parmigiano-reggiana

1/2 funte špageta ili linguina, razlomljenih na komade od 2 inča

1. Ulijte ulje u posudu dovoljno veliku da u nju stane tjestenina. Dodajte luk i kuhajte na srednje jakoj vatri, povremeno miješajući, dok luk ne omekša i lagano porumeni (oko 12 minuta). Umiješajte grašak i kuhajte još 5 minuta dok grašak ne omekša. Sol i papar.

2. U srednjoj posudi začinite jaja sirom, solju i paprom.

3. Zakuhajte najmanje 4 litre vode u velikoj posudi. Dodajte 2 žlice soli, pa tjesteninu. Dobro promiješajte. Kuhajte na jakoj vatri, često miješajući, dok tjestenina ne bude mekana, ali malo kuhana. Ocijedite tjesteninu i sačuvajte malo vode od kuhanja.

4. U tavi pomiješajte tjesteninu s graškom. Dodajte smjesu od jaja i kuhajte na laganoj vatri uz stalno miješanje dok jaja malo ne omekšaju, oko 2 minute. Ako vam se tjestenina čini suha dodajte malo vode od kuhanja. Poslužite odmah.

Linguine s mahunama, rajčicama i bosiljkom

Lingiune con Fagiolini

Za 4-6 obroka

Ricotta salata je usoljeni i prešani oblik ricotte. Ako ga ne možete pronaći, zamijenite ga blagim, neslanim feta sirom ili svježom ricottom i naribanim pecorinom. Ova tjestenina tipična je za Apuliju.

12 unci zelenog graha, nasjeckanog

Sol

1/4 šalice maslinovog ulja

1 režanj češnjaka, sitno nasjeckan

5 srednjih rajčica, oguljenih, bez sjemenki i narezanih na kockice (oko 3 šalice)

Svježe mljeveni crni papar

1 funta linguina

½ šalice nasjeckanog svježeg bosiljka

1 šalica naribane ricotte salate, blage fete ili svježe ricotte

1. Prokuhajte 4 litre vode. Dodati mahune i posoliti po ukusu. Kuhajte 5 minuta ili dok ne postane hrskavo. Ocijedite zelene mahune šupljikavom žlicom ili cjedilom, a vodu sačuvajte. Mahune osušite. Narežite grah na komade od 1 inča.

2. Ulijte ulje u tavu dovoljno veliku da u nju stavite kuhanu tjesteninu. Dodajte češnjak i kuhajte na srednjoj vatri dok lagano ne porumeni, oko 2 minute.

3. Dodajte rajčice te sol i papar po ukusu. Kuhajte uz povremeno miješanje dok se rajčice ne zgusnu i sok ne ispari. Umiješajte grah. Pirjajte još 5 minuta.

4. U međuvremenu zakuhajte lonac vode. Dodajte 2 žlice soli, zatim dodajte linguine i lagano pritisnite dok tjestenina potpuno ne uroni u vodu. Kuhajte na jakoj vatri uz često miješanje dok tjestenina ne postane al dente, mekana, ali čvrsta na zalogaj. Odvojite malo vode od kuhanja. Tjesteninu procijedite i zajedno s umakom stavite u tavu.

5. Ubacite linguine u tavu s umakom. Dodajte bosiljak i sir, pa ponovno pirjajte na srednje jakoj vatri dok sir ne postane kremast. Poslužite odmah.

Uši s kremom od krumpira i rikulom

Orecchiette s Crema di Patate

Za 4-6 obroka

Divlja rikula raste po cijeloj Pugliji. S oštrom, uskom, nazubljenom oštricom i privlačnim okusom orašastih plodova. Listovi se jedu sirovi i kuhani, često s rezancima. Krumpir je škrobni, a u Italiji ga smatraju samo drugim povrćem. Stoga nema sumnje da se u Pugli uglavnom poslužuje uz tjesteninu. Krumpir skuhajte dok ne omekša pa ga izgnječite u vrhnje s kipućom vodom.

2 srednja kuhana krumpira, oko 12 oz

Sol

1/4 šalice maslinovog ulja

1 režanj češnjaka, sitno nasjeckan

1 funta orecchiette ili jakobove kapice

2 svežnja rikule (oko 8 unci), čvrste stabljike uklonjene, isprane i ocijeđene

Sol i svježe mljeveni crni papar

1. Krompir ogulite i stavite u manji lonac sa soli po ukusu i hladnom vodom da bude pokriven. Zakuhajte vodu i kuhajte krumpir dok ne omekša kada ga probodete oštrim nožem, oko 20 minuta. Ocijedite krumpir, čuvajući vodu.

2. Ulijte ulje u tepsiju srednje veličine. Dodajte češnjak i kuhajte na srednjoj vatri dok češnjak ne porumeni, oko 2 minute. Maknite s vatre. Dodajte krumpir i dobro ga zgnječite vilicom ili gnječilicom. Umiješajte otprilike šalicu odvojene vode da dobijete rijetku "kremu". Sol i papar.

3. Prokuhajte 4 litre vode. Dodajte 2 žlice soli, pa tjesteninu. Dobro promiješajte. Kuhajte na jakoj vatri uz često miješanje dok tjestenina ne postane al dente, mekana, ali čvrsta na zalogaj. Dodajte rikulu i jednom promiješajte. Ocijedite tjesteninu i rikulu.

4. U lonac vratite tjesteninu i rikulu te dodajte umak od krumpira. Kuhajte na laganoj vatri uz miješanje i po potrebi dodajte još malo vode od krumpira. Poslužite odmah.

tjestenina i krumpir

Tjestenina i pašteta

Za 6 obroka

Poput tjestenine s grahom ili lećom, tjestenina i krumpir dobri su primjeri La Cucina Povera, južnotalijanskog načina pripreme ukusne hrane s nekoliko skromnih sastojaka. Kada su vremena bila vrlo loša i bilo je puno hranjenja, bilo je uobičajeno dodati dodatnu vodu, obično tekućinu preostalu od kuhanja povrća ili kuhanja tjestenine, a ta su se jela posluživala od tjestenine do juha kako bi se održala.

1/4 šalice maslinovog ulja

1 srednja mrkva, sitno nasjeckana

1 srednji štapić celera, sitno nasjeckan

1 srednji crveni luk, sitno nasjeckan

2 češnja češnjaka sitno nasjeckana

2 žlice nasjeckanog svježeg peršina

3 žlice paste od rajčice

Sol i svježe mljeveni crni papar

1 1/2 kilograma kuhanog krumpira, oguljenog i narezanog na kockice

1 kilogram tubetti ili malih školjki

1/2 šalice svježe naribanog Pecorina Romano ili Parmigiano-Reggiano

1. U veliku šerpu ulijte ulje i dodajte nasjeckane sastojke osim krumpira. Kuhajte na srednje jakoj vatri, povremeno miješajući, dok ne omekša i ne porumeni, oko 15-20 minuta.

2. Umiješajte pire od rajčice i začinite solju i paprom. Dodajte krumpir i 4 šalice vode. Zakuhajte i kuhajte dok krumpir ne omekša, oko 30 minuta. Zgnječite krumpir stražnjom stranom žlice.

3. Zakuhajte oko 4 litre vode u velikoj posudi. Dodajte 2 žlice soli, pa tjesteninu. Dobro promiješajte. Kuhajte uz često

miješanje dok tjestenina ne postane al dente, mekana, ali čvrsta na zalogaj. Odvojite malo vode od kuhanja. U smjesu od krumpira umiješajte tjesteninu. Po potrebi dodajte vode od kuhanja, ali smjesa treba biti dosta gusta. Umiješajte sir i odmah poslužite.

Dagnje s cvjetačom i sirom

Conchiglie al Cavolfiore

Za 6 obroka

Svestrana cvjetača zvijezda je mnogih jela od tjestenine u južnoj Italiji. Na Siciliji se ovo jednostavno jelo pripremalo od lokalne ljubičaste cvjetače.

1/2 šalice maslinovog ulja

1 srednja glavica luka, sitno nasjeckana

1 srednja cvjetača, očišćena i narezana na cvjetiće veličine zalogaja

Sol

2 žlice nasjeckanog svježeg peršina

Svježe mljeveni crni papar

1 funta školjki

3/4 šalice svježe naribanog pecorina romana

1. Ulijte ulje u tavu dovoljno veliku da u nju stavite kuhanu tjesteninu. Dodajte luk i kuhajte na srednjoj vatri 5 minuta. Dodajte cvjetaču i sol po ukusu. Poklopite i kuhajte 15 minuta ili dok cvjetača ne omekša. Umiješajte peršin i crni papar po ukusu.

2. Zakuhajte najmanje 4 litre vode u velikoj posudi. Dodajte 2 žlice soli, pa tjesteninu. Dobro promiješajte. Kuhajte na jakoj vatri uz često miješanje dok tjestenina ne postane al dente, mekana, ali još uvijek čvrsta. Ocijedite tjesteninu i sačuvajte malo vode od kuhanja.

3. Dodajte tjesteninu u tavu s cvjetačom i dobro izmiješajte na srednjoj vatri. Po potrebi dodati malo vode od kuhanja. Dodati sir i opet obilato posuti mljevenim crnim paprom. Poslužite odmah.

Tjestenina s cvjetačom, šafranom i ribizlom

Arriminati tjestenina

Za 6 obroka

Od ljubičasto-bijelih do graškasto-zelenih sorti sicilijanske cvjetače, prekrasnog su okusa kada se svježe uberu u jesen i zimi. Ovo je jedna od mnogih kombinacija sicilijanske tjestenine i cvjetače. Šafran daje zlatnu boju i nježan okus, dok ribizli i inćuni dodaju slatkoću i slanost. Pržene krušne mrvice daju fini hrskavi okus kao završni dodir.

1 žličica šafrana

2/3 šalice ribiza ili tamnih grožđica

Sol

1 veća cvjetača (oko 2 kg), očišćena i narezana na cvjetiće

1/3 šalice maslinovog ulja

1 srednja glavica luka, sitno nasjeckana

6 fileta inćuna, ocijeđenih i narezanih na ploške

Svježe mljeveni crni papar

1/3 šalice pinjola, lagano prženih

1 funta školjki ili školjki

1/4 šalice prepržnih običnih krušnih mrvica

1. U manjoj zdjelici prelijte niti šafrana s 2 žlice kipuće vode. Stavite ribizle u drugu posudu s vrućom vodom da prekriju. Neka oboje odstoji oko 10 minuta.

2. Zakuhajte najmanje 4 litre vode u velikoj posudi. Dodajte 2 žlice soli i cvjetaču. Kuhajte uz često miješanje dok cvjetača ne omekša kad se probode nožem, otprilike 10 minuta. Cvjetaču narežite rešetkastom žlicom, a vodu za kuhanje tjestenine sačuvajte.

3. Ulijte ulje u tavu dovoljno veliku da u nju stavite kuhanu tjesteninu. Dodajte luk i kuhajte na srednjoj vatri 10 minuta. Dodajte inćune i kuhajte uz često miješanje još 2 minute dok se ne otope. Umiješajte šafran i tekućinu za namakanje. Ribizle ocijediti i staviti u tepsiju.

4. Umiješajte kuhanu cvjetaču. Izvadite iz vode od kuhanja i dodajte u tavu s cvjetačom. Kuhajte 10 minuta i gnječite cvjetaču stražnjom stranom žlice dok se ne raspadne na male komadiće. Posolite i popaprite po ukusu. Umiješajte pinjole.

5. Dok se cvjetača kuha, vodu od kuhanja ponovno prokuhajte. Dodajte tjesteninu i dobro promiješajte. Kuhajte na jakoj vatri uz često miješanje dok tjestenina ne postane al dente, mekana, ali čvrsta na zalogaj. Odvojite malo vode od kuhanja. Procijedite tjesteninu i dodajte u tavu sa smjesom od cvjetače. Dobro promiješajte i dodajte malo vode od kuhanja ako vam se tjestenina čini suha.

6. Tjestenina se poslužuje posuta preprženim krušnim mrvicama.

Muhe s artičokama i graškom

Farfalle con Carciofi

Za 4-6 obroka

Iako se mnoga talijanska odmarališta zatvaraju tijekom zimskih mjeseci, većina se ponovno otvara za Uskrs. Bilo je kao ove godine u Portofinu kad sam bio tamo, iako je vrijeme bilo kišovito i hladno. Napokon se nebo razvedrilo, sunce je izašlo i suprug i ja smo mogli ručati na terasi našeg hotela s pogledom na more.

Počeli smo s ovom tjesteninom, a zatim čak i ribom pečenom s maslinama. Desert je bila torta od limuna. Bilo je to savršeno uskršnje jelo.

Ako nemate artičoke, zamijenite ih većim artičokama koje narežete na ploške.

1 kilogram mladih artičoka

2 žlice maslinovog ulja

1 manja glavica luka sitno nasjeckana

1 režanj češnjaka, sitno nasjeckan

Sol i svježe mljeveni crni papar

2 šalice svježeg graška ili 1 pakiranje smrznutog

1/2 šalice nasjeckanog svježeg bosiljka ili peršina

1 funta farfala

1/2 šalice svježe naribanog parmigiano-reggiana

1. Velikim nožem odrežite vrh artičoke za 1 cm. Dobro ih isperite pod hladnom vodom. Naslonite se i izrežite male listove oko baze. Škarama odrežite šiljasti vrh preostalih listova. Odrežite čvrstu vanjsku kožicu oko stabljika i baze. Artičoke prerežite na pola. Malim nožem sa zaobljenim vrhom ostružite mekane listove u sredini. Artičoke narežite na tanke ploške.

2. U tavu dovoljno veliku da u nju stane kuhana tjestenina ulijte maslinovo ulje. Dodajte luk i češnjak i kuhajte na umjerenoj vatri 10 minuta uz povremeno miješanje.

Dodajte artičoke i 2 žlice vode. Posolite i popaprite po ukusu. Kuhajte 10 minuta ili dok artičoke ne omekšaju.

3. Dodajte grašak. Kuhajte 5 minuta ili dok grašak ne omekša. Maknite s vatre i umiješajte bosiljak.

4. Prokuhajte najmanje 4 litre vode. Dodajte 2 žlice soli, pa tjesteninu. Dobro promiješajte. Kuhajte uz često miješanje dok tjestenina ne postane al dente, mekana, ali čvrsta na zalogaj. Odvojite malo vode od kuhanja. Ocijedite tijesto.

5. Tjesteninu prelijte umakom od artičoka i po potrebi s malo vode od kuhanja. Dodajte malo ekstra djevičanskog maslinovog ulja i ponovno promiješajte. Pomiješajte sa sirom i odmah poslužite.

Fettuccine s artičokama i gljivama

Fettuccine Con Carciofi i Vrganji

Za 4-6 obroka

Artičoke i vrganji možda se čine neobičnom kombinacijom, ali ne u Liguriji, gdje sam jeo ovu tjesteninu. Budući da je ovo jelo tako ukusno, ribani sir nije potreban, pogotovo ako ga začinite dobrim ekstra djevičanskim maslinovim uljem.

1 unca suhih vrganja

1 šalica tople vode

1 kilogram artičoka

1/4 šalice maslinovog ulja

1 manja glavica luka sitno nasjeckana

1 režanj češnjaka, vrlo sitno nasjeckan

2 žlice nasjeckanog svježeg peršina

1 šalica svježih rajčica, oguljenih, očišćenih od sjemenki i narezanih na kockice, ili konzerviranih uvezenih talijanskih rajčica, ocijeđenih i narezanih na kockice

Sol i svježe mljeveni crni papar

1 funta suhih fettuccina

Ekstra djevičansko maslinovo ulje

1. Stavite gljive u vodu i ostavite da se namaču 30 minuta. Gljive izvadite iz vode, a tekućinu sačuvajte. Isperite gljive pod hladnom tekućom vodom kako biste uklonili prljavštinu. Posebnu pozornost treba obratiti na krajeve stabljika, gdje se nakuplja zemlja. Grubo nasjeckajte gljive. Tekućinu od gljiva ulijte u posudu. Stavila si me na stranu.

2. Velikim nožem odrežite vrh artičoke za 1 cm. Dobro ih isperite pod hladnom vodom. Naslonite se i izrežite male listove oko baze. Škarama odrežite šiljasti vrh preostalih listova. Odrežite čvrstu vanjsku kožicu oko stabljika i baze. Artičoke prerežite na pola. Malim nožem sastružite mekane listove u sredini. Artičoke narežite na tanke ploške.

3. Ulijte ulje u tavu dovoljno veliku da u nju stavite kuhanu tjesteninu. Dodajte luk, gljive, peršin i češnjak te kuhajte na srednjoj vatri 10 minuta. Umiješajte artičoke i rajčice te začinite solju i paprom po ukusu. Pustite da kuha 10 minuta. Dodajte tekućinu od gljiva i kuhajte još 10 minuta ili dok artičoke ne omekšaju kada ih probodete nožem.

4. Zakuhajte 4 litre vode u velikoj posudi. Dodajte 2 žlice soli, pa tjesteninu. Dobro promiješajte. Kuhajte na jakoj vatri uz često miješanje dok tjestenina ne postane al dente, mekana, ali čvrsta na zalogaj. Odvojite malo vode od kuhanja. Ocijedite tijesto.

5. Tjesteninu prelijte umakom i po potrebi s malo vode od kuhanja. Prelijte ekstra djevičanskim maslinovim uljem i odmah poslužite.

Rigatoni s raguom od patlidžana

Rigatoni s Ragu di Melanzane

Za 4-6 obroka

Ragù se obično radi s mesom koje se dodaje umaku od rajčice, ali vegetarijanska verzija Basilicate koristi patlidžan jer je jednako bogata i ukusna.

Riga u nazivu oblika tjestenine kao što su rigatoni ili penne rigata, sugerira da ima rebra koja služe kao držači za umak. Rigatoni su velike, nabrane tube tjestenine. Njihov debeo i veliki oblik nadopunjuje odvažne krpe s gustim sastojcima.

1/4 šalice maslinovog ulja

1/4 šalice nasjeckane ljutike

4 šalice narezanog patlidžana

1/2 šalice nasjeckane crvene paprike

1/2 šalice suhog bijelog vina

1½ kilograma rajčica šljiva, oguljenih, bez sjemenki i narezanih na kockice, ili 2 šalice konzerviranih uvezenih talijanskih rajčica sa sokom

Grančica svježe majčine dušice

Sol

Svježe mljeveni crni papar

1 funta rigatoni, penne ili farfalle

Ekstra djevičansko maslinovo ulje za preljev

1. Ulijte ulje u veliku, tešku tavu. Dodajte ljutiku i kuhajte na srednjoj vatri 1 minutu. Dodajte patlidžan i crvenu papriku. Kuhajte uz često miješanje dok povrće ne uvene, oko 10 minuta.

2. Dodajte vino i kuhajte 1 minutu dok ne ispari.

3. Dodajte rajčice, timijan, sol i papar po ukusu. Smanjite toplinu na najnižu. Kuhajte 40 minuta uz povremeno miješanje ili dok umak ne postane gust, a povrće vrlo

mekano. Ako smjesa postane presuha, dodajte malo vode. Uklonite timijan.

4. Zakuhajte najmanje 4 litre vode u velikoj posudi. Dodajte 2 žlice soli, pa tjesteninu. Dobro promiješajte. Kuhajte na jakoj vatri uz često miješanje dok tjestenina ne postane al dente, mekana, ali čvrsta na zalogaj. Odvojite malo vode od kuhanja. Tijesto procijedite i stavite u toplu zdjelu.

5. Prelijte umak žlicom i dobro promiješajte. Po potrebi dodati malo vode od kuhanja. Pokapajte s malo ekstra djevičanskog maslinovog ulja i ponovno promiješajte. Poslužite odmah.

Sicilijanski špageti s patlidžanima

Norma Špageti

Za 4-6 obroka

Pravilo *ime divne opere koju je skladao Sicilijanac Vincenzo Bellini. Ova tjestenina od patlidžana, povrće popularno na Siciliji, dobila je ime u čast opere.*

Ricotta salata je komprimirani oblik ricotte, koja je dobra i narezana kao stolni sir ili naribana uz tjesteninu. Postoji i dimljena verzija koja je posebno ukusna, iako je nisam vidio izvan Sicilije. Ako ne možete pronaći salatu od ricotte, zamijenite je fetom, koja je vrlo slična, ili upotrijebite pecorino romano.

1 srednji patlidžan, obrezan i narezan na 1/4 inča debele kriške

Sol

Maslinovo ulje za prženje

2 češnja češnjaka, malo zgnječena

Prstohvat mljevene crvene paprike

3 funte zrelih cherry rajčica, oguljenih, bez sjemenki i narezanih na kockice, ili 1 (28 oz.) uvezenih talijanskih pelat rajčica, ocijeđenih i narezanih na kockice

6 listića svježeg bosiljka

1 kilogram špageta

1 šalica ribane ricotte ili pecorino romano zelene salate

1. Ploške patlidžana stavite u cjedilo iznad tanjura i svaki sloj pospite solju. Ostavite da odstoji 30-60 minuta. Operite patlidžane i osušite ih papirnatim ručnikom.

2. Ulijte oko 1/2 inča ulja u duboku tešku tavu. Zagrijte ulje na srednje jakoj vatri dok mali komadić patlidžana ne počne cvrčati u tavi. Pržite kriške patlidžana pojedinačno dok ne porumene s obje strane. Ocijediti na papirnatom ručniku.

3. U tepsiju srednje veličine uliti 3 žlice ulja. Dodajte češnjak i zgnječenu crvenu papriku i kuhajte na srednje jakoj vatri dok češnjak ne porumeni, oko 4 minute. Uklonite češnjak.

Dodajte rajčice i posolite po ukusu. Smanjite vatru i kuhajte 20-30 minuta ili dok se umak ne zgusne. Umiješajte bosiljak i ugasite vatru.

4. Zakuhajte najmanje 4 litre vode u velikoj posudi. Dodajte 2 žlice soli, pa tjesteninu. Dobro promiješajte. Kuhajte na jakoj vatri uz često miješanje dok tjestenina ne postane al dente, mekana, ali još uvijek čvrsta. Odvojite malo vode od kuhanja. Ocijedite tijesto.

5. Tjesteninu s umakom stavite u toplu posudu, po potrebi dolijevajući malo vode od kuhanja. Dodati sir i opet izmiksati. Po vrhu rasporedite ploške patlidžana i odmah poslužite.

Leptir s brokulom, rajčicama, pinjolima i grožđicama

Farfalle alla Siciliana

Za 4-6 obroka

Pinjoli daju finu hrskavost, a grožđice daju slatkoću ovoj ukusnoj sicilijanskoj tjestenini. Brokula se kuha u istoj posudi kao i tjestenina pa se okusi jako dobro sjedine. Ako koristite velike okrugle rajčice umjesto rajčica šljive, možete ih zamijeniti, ali će umak biti rjeđi i može se malo duže kuhati.

1/3 šalice maslinovog ulja

2 češnja češnjaka sitno nasjeckana

Prstohvat mljevene crvene paprike

2 1/2 funte svježih rajčica (oko 15), oguljenih, bez sjemenki i narezanih na kockice

Sol i svježe mljeveni crni papar

2 žlice grožđica

1 funta farfala

1 srednja hrpa brokule, uklonite peteljke i narežite na male cvjetiće

2 žlice prženih pinjola

1. Ulijte ulje u posudu dovoljno veliku da u nju stane tjestenina. Dodajte češnjak i mljevenu crvenu papriku. Kuhajte na srednjoj vatri dok češnjak ne porumeni, oko 2 minute. Dodajte rajčice te sol i papar po ukusu. Zakuhajte i kuhajte dok se umak ne zgusne, 15-20 minuta. Umiješajte grožđice i maknite s vatre.

2. Zakuhajte najmanje 4 litre vode u velikoj posudi. Dodajte 2 žlice soli, pa tjesteninu. Dobro promiješajte. Kuhajte uz često miješanje dok voda ponovno ne zavrije.

3. Dodajte brokulu u tjesteninu. Kuhajte uz često miješanje dok tjestenina ne postane al dente, mekana, ali čvrsta na zalogaj. Odvojite malo vode od kuhanja.

4. Procijedite tjesteninu i brokulu. Stavite u tavu s rajčicama, po potrebi dodajte malo vode od kuhanja. Baci dobro. Pospite pinjolima i odmah poslužite.

Cavatelli sa zelenim češnjakom i krumpirom

Cavatelli sa zelenilom i krumpirom

Za 4-6 obroka

Pranje zelja možda nije moj omiljeni posao, ali pronaći pijesak u hrani je još gore, pa ga operem barem tri puta. Vrijedi truda. U ovom receptu možete koristiti samo jednu sortu, ali mješavina dva ili tri različita povrća daje jelu zanimljivu teksturu i okus.

U ovom receptu krumpir je potrebno narezati na male komadiće kako bi se kuhao zajedno s tjesteninom. Bit će malo prepečeno i mrvičasto, pa će tijesto biti kremasto glatko.

1 1/2 funte odabranog zelja poput brokule, mizune, senfa, kelja ili maslačka, nasjeckanog

Sol

1/3 šalice maslinovog ulja

4 češnja češnjaka, tanko narezana

Prstohvat mljevene crvene paprike

Sol i svježe mljeveni crni papar

1 funta cavatellija

1 funta kuhanog krumpira, oguljenog i narezanog na komade od 1/2 inča

1. Napunite sudoper ili veliku zdjelu hladnom vodom. Dodajte zelje i podlijte vodom. Stavite zelje u cjedilo, promijenite vodu i ponovite barem još dva puta kako biste uklonili tragove pijeska.

2. Zakuhajte veliki lonac vode. Dodajte začinsko bilje i sol po ukusu. Ovisno o vrsti, kuhajte 5-10 minuta dok celer ne omekša. Zelje ocijedite i malo ohladite pod hladnom tekućom vodom. Povrće narežite na kockice veličine zalogaja.

3. Ulijte ulje u tavu dovoljno veliku da u nju stavite kuhanu tjesteninu. Dodajte češnjak i mljevenu crvenu papriku. Kuhajte na srednjoj vatri dok češnjak ne porumeni, 2

minute. Dodajte zelje i prstohvat soli. Kuhajte uz miješanje dok povrće ne upije ulje, oko 5 minuta.

4. Zakuhajte najmanje 4 litre vode u velikoj posudi. Dodajte 2 žlice soli, pa tjesteninu. Kuhajte uz često miješanje dok voda ponovno ne zavrije. Dodajte krumpir i kuhajte dok tjestenina ne postane al dente, mekana, ali čvrsta na zalogaj. Odvojite malo vode od kuhanja. Ocijedite tijesto.

5. U zelje dodajte tjesteninu i krumpir i dobro promiješajte. Ako vam se tjestenina čini suha dodajte malo vode od kuhanja. Poslužite odmah.

Linguine s tikvicama

Linguine s tikvicama

Za 4-6 obroka

Oduprite se želji da kupujete samo male i srednje bundeve i recite ne prijateljima vrtlarima koji očajnički žele bundeve veličine jazavčara. Divovske tikvice su vodenaste, ljepljive i neukusne, ali one duge kao hrenovka i ne deblje od hrenovke su mekane i ukusne.

U ovom receptu posebno mi se sviđa Pecorino Romano - ljut i pikantan feta sir iz južne Italije.

6 malih zelenih ili žutih tikvica (oko 2 funte)

1/3 šalice maslinovog ulja

3 češnja češnjaka sitno nasjeckana

Sol i svježe mljeveni crni papar

1/4 šalice nasjeckanog svježeg bosiljka

2 žlice nasjeckanog svježeg peršina

1 žlica nasjeckanog svježeg timijana

1 funta linguina

1/2 šalice svježe naribanog pecorina romana

1. Operite tikvice pod hladnom vodom. Odrezati kraj. Uzdužno narežite na četvrtine, pa narežite.

2. U tavi dovoljno velikoj za tjesteninu zagrijte ulje na srednje jakoj vatri. Dodajte tikvice i kuhajte, povremeno miješajući, dok lagano ne porumene i ne omekšaju, oko 10 minuta. Gurnite tikvice na ploču te dodajte češnjak, sol i papar. Neka kuha 2 minute. Dodajte začinsko bilje, umiješajte tikvice natrag u začine, pa maknite s vatre.

3. Dok se tikvice kuhaju, u velikom loncu zakuhajte 4 litre vode. Dodajte 2 žlice soli, pa tjesteninu. Dobro promiješajte. Kuhajte na jakoj vatri uz često miješanje dok tjestenina ne postane al dente, mekana, ali čvrsta na zalogaj. Odvojite malo vode od kuhanja.

4. Ocijedite tijesto. Dodajte tjesteninu u tavu s tikvicama. Dobro promiješajte i po potrebi dodajte malo vode od kuhanja. Dodati sir i opet izmiksati. Poslužite odmah.

Pene s povrćem na žaru

Tjestenina s Verdure alla Griglia

Za 4-6 obroka

Iako obično ostavljam kožu na patlidžanu, koža se stvrdne kada se peče na roštilju. Pa ih skidam prije nego što zapalim roštilj. Ako patlidžani nisu svježi, mogu se prije kuhanja posoliti kako bi se smanjila gorčina koja se pojačava sazrijevanjem povrća. Da biste to učinili, ogulite i narežite patlidžan, zatim ploške stavite u cjedilo i svaki sloj pospite krupnom soli. Ostavite stajati 30-60 minuta kako biste uklonili tekućinu. Sol operite, osušite i kuhajte prema uputama.

2 kilograma rajčica (oko 12)

maslinovo ulje

1 srednji patlidžan, oguljen i narezan na deblje ploške

2 srednje velike glavice crvenog ili bijelog slatkog luka, narezane na deblje ploške

Sol i svježe mljeveni crni papar

2 češnja češnjaka, vrlo sitno nasjeckana

12 svježih listova bosiljka, narezanih na male komadiće

1 funta olovaka

1/2 šalice svježe naribanog pecorina romana

1. Rešetku za roštilj ili pećnicu postavite oko 5 cm od izvora topline. Zagrijte roštilj ili roštilj. Stavite rajčice na roštilj. Često kuhajte hvataljkama dok rajčice ne omekšaju, a kora malo zaprži i opusti se. Izvadite rajčice. Ploške patlidžana i luka namažite uljem, pospite solju i paprom. Pecite na roštilju dok povrće ne omekša i ne porumeni, ali ne pocrni, oko 5 minuta sa svake strane.

2. Ogulite rajčice i odrežite im vrhove peteljki. Stavite rajčice u veliku zdjelu i dobro ih izgnječite vilicom. Umiješajte češnjak, bosiljak, 1/4 šalice ulja te sol i papar po ukusu.

3. Tanko narežite patlidžan i luk i dodajte rajčicama.

4. Zakuhajte najmanje 4 litre vode u velikoj posudi. Dodajte 2 žlice soli, pa tjesteninu. Dobro promiješajte. Kuhajte na jakoj vatri uz često miješanje dok tjestenina ne postane al

dente, mekana, ali čvrsta na zalogaj. Odvojite malo tekućine od kuhanja.

5. Ocijedite tijesto. U velikoj zdjeli pomiješajte tjesteninu s povrćem. Ako vam se tjestenina čini suha dodajte malo vode od kuhanja. Dodajte sir i odmah poslužite.

Penne s gljivama, češnjakom i ružmarinom

Penne s gljivama

Za 4-6 obroka

U ovom receptu možete koristiti bilo koju vrstu gljive, na primjer: B. Bukovaču, Shiitake, Cremini ili uobičajene bijele varijante. Kombinacija je posebno dobra. Ako imate baš divlje gljive poput smrčaka, svakako ih očistite jer znaju biti vrlo krhki.

1/4 šalice maslinovog ulja

1 kg šampinjona narezati na tanke ploške

2 velika češnja češnjaka, sitno nasjeckana

2 žličice vrlo sitno nasjeckanog svježeg ružmarina

Sol i svježe mljeveni crni papar

1 funta pera ili farfala

2 žlice neslanog maslaca

2 žlice nasjeckanog svježeg peršina

1. U tavi dovoljno velikoj za tjesteninu zagrijte ulje na srednje jakoj vatri. Dodajte gljive, češnjak i ružmarin. Kuhajte uz često miješanje dok gljive ne počnu puštati tekućinu, oko 10 minuta. Posolite i popaprite po ukusu. Kuhajte, često miješajući, dok gljive lagano ne porumene, dodatnih 5 minuta.

2. Zakuhajte najmanje 4 litre vode u velikoj posudi. Dodajte 2 žlice soli, pa tjesteninu. Dobro promiješajte. Kuhajte na jakoj vatri uz često miješanje dok tjestenina ne postane al dente, mekana, ali čvrsta na zalogaj. Odvojite malo vode od kuhanja.

3. Ocijedite tijesto. Dodajte tjesteninu u tavu s gljivama, maslacem i peršinom. Ako vam se tjestenina čini suha dodajte malo vode od kuhanja. Poslužite odmah.

Linguine s ciklom i češnjakom

Linguine s barbabietolom

Za 4-6 obroka

Tjestenina i repa možda se čine neobičnom kombinacijom, ali otkad sam je probao u jednom gradiću na obali Emilia-Romagne postala mi je jedna od najdražih. Ne samo da je ukusna, već je i jedno od najljepših jela s tjesteninom koje poznajem. Svi su zadivljeni njegovom zapanjujućom bojom. Učinite to u kasno ljeto i ranu jesen, kada je svježa cikla najslađa.

8 srednjih mrkvi, narezanih na ploške

1/3 šalice maslinovog ulja

3 češnja češnjaka sitno nasjeckana

Prstohvat crvene mljevene paprike ili po ukusu

Sol

1 funta linguina

1. Stavite rešetku u sredinu pećnice. Zagrijte pećnicu na 450°F. Ciklu ogulite i čvrsto zamotajte u veliki komad aluminijske folije. Stavite paket na lim za pečenje. Pecite 45-75 minuta, ovisno o veličini, ili dok cikla ne omekša kada se oštrim nožem probode u foliji. Ostavite ciklu da se ohladi u foliji. Ogulite i nasjeckajte mrkvu.

2. Ulijte ulje u tavu dovoljno veliku da u nju stavite kuhanu tjesteninu. Dodajte češnjak i mljevenu crvenu papriku. Kuhajte na srednjoj vatri dok češnjak ne porumeni, oko 2 minute. Dodajte ciklu i miješajte u mješavini ulja dok se ne zagrije.

3. Zakuhajte najmanje 4 litre vode u velikoj posudi. Dodajte 2 žlice soli, pa tjesteninu. Dobro promiješajte. Kuhajte na jakoj vatri uz često miješanje dok tjestenina ne postane al dente, mekana, ali čvrsta na zalogaj.

4. Ocijedite tjesteninu i sačuvajte malo vode od kuhanja. Ulijte linguine u tavu s ciklom. Dodajte malo vode od kuhanja i kuhajte na umjerenoj vatri. Miješajte tijesto vilicom i žlicom dok ne dobije ravnomjernu boju, oko 2 minute. Poslužite odmah.

Letite s repom i zeljem

Farfalle u Barbabietoleu

Za 4-6 obroka

Ovo je verzija<u>Linguine s ciklom i češnjakom</u>Recept s ciklom i zelenilom od cikle. Ako vrhovi cikle izgledaju mlohavo ili smeđe, zamijenite ih otprilike pola kilograma svježeg špinata, blitve ili drugog povrća.

1 vezica svježe cikle na vrh (4-5 cikla)

⅓ šalice maslinovog ulja

2 velika češnja češnjaka, sitno nasjeckana

Sol i svježe mljeveni crni papar

1 funta farfala

4 unce ricotta salate, nasjeckane

1. Stavite rešetku u sredinu pećnice. Zagrijte pećnicu na 450°F. Zelenje cikle narežite i ostavite sa strane. Ciklu ogulite i čvrsto zamotajte u veliki komad aluminijske folije.

Stavite paket na lim za pečenje. Pecite 45-75 minuta, ovisno o veličini, ili dok cikla ne omekša kada se oštrim nožem probode u foliji. Ostavite ciklu da se ohladi u foliji. Odmotajte foliju, ogulite i narežite ciklu.

2.Zelenje dobro operite i uklonite tvrde peteljke. Zakuhajte veliki lonac vode. Dodajte začinsko bilje i sol po ukusu. Kuhajte 5 minuta ili dok celer gotovo ne omekša. Zelenje procijedite i ohladite pod tekućom vodom. Grubo nasjeckajte zelje.

3.Ulijte ulje u posudu dovoljno veliku da stane sva tjestenina i povrće. Dodajte češnjak. Kuhajte na srednjoj vatri dok češnjak ne porumeni, oko 2 minute. Dodajte ciklu i celer te prstohvat soli i papra. Kuhajte uz miješanje oko 5 minuta ili dok se povrće ne zagrije.

4.Zakuhajte najmanje 4 litre vode u velikoj posudi. Dodajte 2 žlice soli, pa tjesteninu. Dobro promiješajte. Kuhajte na jakoj vatri uz često miješanje dok tjestenina ne postane al dente, mekana, ali čvrsta na zalogaj.

5. Ocijedite tjesteninu i sačuvajte malo vode od kuhanja. Dodajte tjesteninu u tavu s ciklom. Dodajte malo vode od kuhanja i uz stalno miješanje kuhajte dok se tjestenina ne ujednači, oko 1 minutu. Dodajte sir i ponovno promiješajte. Poslužite odmah, obilno posuto svježe mljevenim crnim paprom.

Tjestenina sa salatom

Tjestenina al Insalata

Za 4-6 obroka

Tjestenina sa salatom od svježeg povrća fini je, lagani ljetni obrok. To se dogodilo dok sam bio u posjetu prijateljima u Pijemontu. Ne ostavljajte ga predugo, inače će povrće izgubiti svoj svijetli okus i izgled.

2 rajčice srednje veličine, narezane na ploške

1 srednja lukovica komorača, obrezana i narezana na komade

1 manji crveni luk, sitno nasjeckan

1/4 šalice ekstra djevičanskog maslinovog ulja

2 žlice bosiljka, narezanog na tanke trakice

Sol i svježe mljeveni crni papar

2 šalice rikule, narezane, natrgane na velike komade

1 kilogram lakat

1. Pomiješajte rajčice, komorač, luk, maslinovo ulje, bosiljak u velikoj zdjeli i začinite solju i paprom po ukusu. Dobro promiješajte. Odozgo stavite rikulu.

2. Zakuhajte najmanje 4 litre vode u velikoj posudi. Dodajte 2 žlice soli, pa tjesteninu. Kuhajte na jakoj vatri uz često miješanje dok tjestenina ne postane al dente, mekana, ali čvrsta na zalogaj. Odvojite malo vode od kuhanja. Ocijedite tijesto.

3. Pomiješajte tjesteninu sa smjesom za salatu. Ako vam se tjestenina čini suha dodajte malo vode od kuhanja. Poslužite odmah.

Fusilli s pečenim rajčicama

Fusilli s Pomodori al Forno

Za 4-6 obroka

Pečene rajčice meni su najdraži prilog koji poslužujem uz ribu, teleće kotlete ili odreske. Jednog sam dana pripremila veliku tavu punu hrane, ali sam je poslužila samo sa sušenom tjesteninom. Pečene rajčice i njihov sok prelila sam svježe kuhanim fužeom. Sada to stalno radim.

2 kilograma zrelih rajčica (oko 12-14), narezanih na kriške od 1/4 inča

3 velika češnja češnjaka, sitno nasjeckana

1/2 žličice sušenog origana

Sol i svježe mljeveni crni papar

1/3 šalice maslinovog ulja

1 kilogram fusila

1/2 šalice nasjeckanog svježeg bosiljka ili peršina

1. Stavite rešetku u sredinu pećnice. Zagrijte pećnicu na 400°F. Namastite posudu za pečenje ili pleh veličine 13 x 9 x 2 inča.

2. Stavite polovicu kriški rajčice u pripremljenu zdjelu. Začinite češnjakom, origanom te solju i paprom po ukusu. Na vrh stavite preostale rajčice. Prelijte uljem.

3. Pecite 30-40 minuta dok rajčice ne omekšaju. Izvadite zdjelu iz pećnice.

4. Zakuhajte najmanje 4 litre vode u velikoj posudi. Dodajte 2 žlice soli, pa tjesteninu. Dobro promiješajte. Kuhajte na jakoj vatri uz često miješanje dok tjestenina ne postane al dente, mekana, ali čvrsta na zalogaj. Ocijedite tjesteninu i sačuvajte malo vode od kuhanja.

5. Na pečene rajčice stavite tijesto i dobro promiješajte. Dodajte bosiljak ili peršin i ponovno promiješajte. Ako vam se tjestenina čini suha dodajte malo vode od kuhanja. Poslužite odmah.

Lakat s krumpirom, rajčicama i rikulom

La Bandiera

Za 6-8 obroka

U Pugliji se ova tjestenina zove "zastava" jer ima crvenu, bijelu i zelenu boju talijanske zastave. Neki ga kuhari rade s više tekućine i poslužuju kao juhu.

1/4 šalice maslinovog ulja

2 velika češnja češnjaka, sitno nasjeckana

Prstohvat mljevene crvene paprike

1 1/2 kilograma zrelih rajčica šljive, oguljenih, bez sjemenki i narezanih na kockice (oko 3 šalice)

2 žlice nasjeckanog svježeg bosiljka

Sol i svježe mljeveni crni papar

1 kilogram lakat

3 srednje kuhana krumpira (1 funta), oguljena i izrezana na komade od 1/2 inča

2 vezice rikule, obrezane i narezane na komade od 1 inča (oko 4 šalice)

1/3 šalice svježe naribanog pecorina romana

1. Ulijte ulje u posudu dovoljno veliku da u nju stane tjestenina. Dodajte češnjak i mljevenu crvenu papriku. Kuhajte na srednjoj vatri dok češnjak ne porumeni, 2 minute.

2. Dodajte rajčice i bosiljak te začinite solju i paprom po ukusu. Zakuhajte i kuhajte uz povremeno miješanje dok se umak ne zgusne, oko 10 minuta.

3. Zakuhajte najmanje 4 litre vode u velikoj posudi. Dodajte 2 žlice soli, pa tjesteninu. Dobro promiješajte. Kad voda ponovno zakipi u nju uspite krumpir. Kuhajte uz često miješanje dok tjestenina ne postane al dente, mekana, ali čvrsta na zalogaj.

4. Ocijedite tjesteninu i krumpir, a dio vode od kuhanja sačuvajte. U kipući umak od rajčice umiješajte tjesteninu, krumpir i rikulu. Kuhajte uz miješanje 1-2 minute ili dok se tjestenina i povrće dobro ne prekriju umakom. Ako vam se tjestenina čini suha dodajte malo vode od kuhanja.

5. Umiješajte sir i odmah poslužite.

Romanski jezik na seljački način

Linguine alla Ciociara

Za 4-6 obroka

S ovom rimskom tjesteninom upoznali su me moji prijatelji Diane Darrow i Tom Maresca, koji pišu o talijanskom vinu i hrani. Ime znači "seljanka" na lokalnom dijalektu. Svježi, travnati okus zelene paprike čini ovu jednostavnu tjesteninu izvanrednom.

1 srednja zelena paprika

1/2 šalice maslinovog ulja

2 šalice oguljenih, sjemenki i narezanih na kockice svježih rajčica ili ocijeđenih i nasjeckanih uvezenih talijanskih rajčica iz konzerve

1/2 šalice grubo nasjeckane gaete ili drugih crnih maslina, mariniranih u laganom ulju

Sol

Prstohvat mljevene crvene paprike

1 funta linguina ili špageta

1/2 šalice svježe naribanog pecorina romana

1. Papriku prerežite na pola, odstranite peteljku i sjemenke. Papriku narežite uzdužno na vrlo tanke ploške, pa poprečno na trećine.

2. U tavi dovoljno velikoj da u nju stanu kuhani špageti zagrijte ulje na srednje jakoj vatri. Dodajte rajčicu, papar, masline, sol po ukusu i mljevenu crvenu papriku. Zakuhajte i kuhajte uz povremeno miješanje dok se umak ne zgusne, oko 20 minuta.

3. Zakuhajte najmanje 4 litre vode u velikoj posudi. Dodajte 2 žlice soli, pa tjesteninu. Dobro promiješajte. Kuhajte na jakoj vatri uz često miješanje dok tjestenina ne postane al dente, mekana, ali čvrsta na zalogaj. Ocijedite tjesteninu i sačuvajte malo vode od kuhanja.

4. Dodajte tjesteninu u tavu s umakom. Kuhajte i miješajte na srednje jakoj vatri 1 minutu, dodajte malo vode od kuhanja

ako se tjestenina čini suhom. Dodati sir i opet izmiksati. Poslužite odmah.

Penne s proljetnim povrćem i češnjakom

Penne alla Primavera

Za 4-6 obroka

Iako je klasični način pripreme Primavera umaka vrhnje i maslac, dobar je i ovaj način s maslinovim uljem začinjenim češnjakom.

1/4 šalice maslinovog ulja

4 češnja češnjaka sitno nasjeckana

8 šparoga narezanih na komade veličine zalogaja

4 glavice luka, narezane na ploške od 1/4 inča

3 vrlo male tikvice (oko 12 unci), narezane na kriške od 1/4 inča

2 srednje mrkve, narezane na ploške od 1/4 inča

2 žlice vode

Sol i svježe mljeveni crni papar

2 šalice malih cherry ili grožđanih rajčica, prepolovljenih

3 žlice nasjeckanog svježeg peršina

1/2 šalice svježe naribanog pecorina romana

1. Ulijte ulje u posudu dovoljno veliku da u nju stane tjestenina. Dodajte češnjak i kuhajte na srednjoj vatri 2 minute. Umiješajte šparoge, mladi luk, tikvice, mrkvu i vodu, posolite i popaprite po ukusu. Poklopiti posudu i smanjiti vatru. Kuhajte dok mrkva gotovo ne omekša, 5-10 minuta.

2. Zakuhajte najmanje 4 litre vode u velikoj posudi. Dodajte 2 žlice soli, pa tjesteninu. Dobro promiješajte. Kuhajte na jakoj vatri uz često miješanje dok tjestenina ne postane al dente, mekana, ali čvrsta na zalogaj. Ocijedite tjesteninu i sačuvajte malo vode od kuhanja.

3. Dodajte rajčice i peršin u tavu s povrćem i dobro promiješajte. Dodajte tjesteninu i sir i ponovno promiješajte. Ako vam se tjestenina čini suha dodajte malo vode od kuhanja. Poslužite odmah.

"Vučna" tjestenina s vrhnjem i gljivama

Strascinata tjestenina

Za 4-6 obroka

Glavni razlog za posjet Torgianu u Umbriji je boravak u Le Tre Vaselle, prekrasnoj seoskoj gostionici s dobrim restoranom. Suprug i ja tu smo dosta godina jeli ovu neobičnu "bljutavu" tjesteninu. Kratke, šiljate cijevi tjestenine poznate kao pennettes kuhale su se izravno u umaku, u stilu rižota. Ovako kuhanu tjesteninu nisam vidio nigdje drugdje.

Budući da je tehnika dosta drugačija, svakako pročitajte recept prije nego počnete i pustite da se juha i svi sastojci zagriju prije nego što počnete.

Le Tre Vaselle u vlasništvu je vinarske obitelji Lungarotti, a uz ovu tjesteninu savršeno ide jedno od sjajnih crnih poput Rubesca.

1 srednja glavica luka, sitno nasjeckana

6 žlica maslinovog ulja

1 funta Pennetta, Ditalini ili Tubetti

2 žlice konjaka

5 šalica vruće domaće Chicken Obsession juhe 2 šalice juhe iz konzerve pomiješane s 3 šalice vode

8 unci narezanih bijelih gljiva

Sol i svježe mljeveni crni papar

3/4 šalice gustog vrhnja

1 šalica svježe ribanog Parmigiano-Reggiano

1 žlica nasjeckanog svježeg peršina

1. U tavi dovoljno velikoj da stane sva tjestenina, pirjajte luk na 2 žlice ulja na srednje jakoj vatri dok ne omekša i ne porumeni, oko 10 minuta. Ostružite luk u zdjelu i obrišite tavu.

2. Preostale 4 žlice ulja ulijte u tavu i zagrijte na srednje jakoj vatri. Dodajte tjesteninu i kuhajte uz često miješanje dok

tjestenina ne porumeni, oko 5 minuta. Dodati konjak i kuhati dok ne ispari.

3. Vratite luk u tavu i umiješajte 2 šalice vruće juhe. Smanjite vatru na srednje jaku i kuhajte uz često miješanje dok se većina juhe ne upije. Umiješajte još 2 šalice juhe. Kad je većina tekućine upila, umiješajte gljive. Po potrebi dodajte ostatak juhe uz miješanje kako bi tjestenina ostala vlažna. Sol i papar.

4. Oko 12 minuta nakon što počnete dodavati juhu, tjestenina bi trebala biti gotovo al dente, mekana, ali čvrsta. Umiješajte vrhnje i pirjajte dok se malo ne zgusne, oko 1 minutu.

5. Maknite tavu s vatre i umiješajte sir. Umiješajte peršin i odmah poslužite.

Rimska tjestenina s rajčicama i mozzarellom

češka tjestenina

Za 4-6 obroka

Kad je moj suprug prvi put probao ovu tjesteninu u Rimu, toliko mu se svidjela da ju je jeo gotovo svaki dan. Koristite kremastu svježu mozzarellu i stvarno zrele rajčice. Savršena tjestenina za ljetni dan.

3 srednje zrele rajčice

1/4 šalice ekstra djevičanskog maslinovog ulja

1 manji režanj češnjaka, sitno nasjeckan

Sol i svježe mljeveni crni papar

20 listova bosiljka

1 lb Tubetti ili Ditalini

8 unci svježe mozzarelle, narezane na male kockice

1. Rajčice prerežite na pola i izvadite im sjemenke. Iscijedite sjemenke iz rajčice. Nasjeckajte rajčice i stavite ih u dovoljno veliku zdjelu da u nju stanu svi sastojci.

2. Pomiješajte ulje, češnjak te sol i papar po ukusu. Listove bosiljka savijte i narežite na tanke trakice. U rajčice umiješajte bosiljak. Ovaj umak možete napraviti unaprijed i držati na sobnoj temperaturi do 2 sata.

3. Zakuhajte najmanje 4 litre vode u velikoj posudi. Dodajte 2 žlice soli, pa tjesteninu. Dobro promiješajte. Kuhajte na jakoj vatri uz često miješanje dok tjestenina ne postane al dente, mekana, ali čvrsta na zalogaj. Procijedite tjesteninu i pomiješajte s umakom. Dodajte mozzarellu i ponovno promiješajte. Poslužite odmah.

Fusilli s tunom i rajčicama

Fusilli al Tonno

Za 4-6 obroka

Koliko god uživam u dobrim odrescima svježe tune koji se rijetko peku na žaru, mislim da još više volim tunu iz konzerve. Naravno, od njega se prave izvrsni sendviči i salate, ali Talijani imaju mnoge druge namjene, kao što je klasični vitello tonnato (<u>Teletina u umaku od tune</u>) za teletinu ili oblikovana u pitu ili u kombinaciji s tjesteninom, kako to često rade kuhari na Siciliji. Za ovaj umak nemojte koristiti tunjevinu punjenu vodom. Okus je previše bljutav, a tekstura previše vlažna. Za najbolji okus i teksturu koristite dobru marku tune u maslinovom ulju iz Italije ili Španjolske.

3 srednje rajčice, narezane na ploške

Možete uvesti 1 (7 oz.) talijansku ili španjolsku tunu pakiranu u maslinovom ulju

10 svježih listova bosiljka, nasjeckanih

½ žličice sušenog origana, zdrobljenog

Prstohvat mljevene crvene paprike

Sol

1 funta fusilla ili redella

1. U velikoj zdjeli začinite rajčice, tunjevinu uljem, bosiljkom, origanom, crvenom paprikom i soli.

2. Zakuhajte najmanje 4 litre vode u velikoj posudi. Dodajte 2 žlice soli, pa tjesteninu. Dobro promiješajte. Kuhajte na jakoj vatri uz često miješanje dok tjestenina ne postane al dente, mekana, ali čvrsta na zalogaj. Odvojite malo vode od kuhanja. Ocijedite tijesto.

3. Pomiješajte tjesteninu s umakom. Ako vam se tjestenina čini suha dodajte malo vode od kuhanja. Poslužite odmah.

Linguine sa sicilijanskim pestom

Linguine al Pesto Trapanese

Za 4-6 obroka

Pesto umak obično se povezuje s Ligurijom, a posebno s bosiljkom i češnjakom. Na talijanskom se pesto odnosi na sve što je umućeno, nasjeckano ili zgnječeno. Ovaj se umak obično priprema na ovaj način u Trapaniju, obalnom gradu na zapadu Sicilije.

Toliko je okusa u ovom jelu; Nije potreban sir.

1/2 šalice blanširanih badema

2 velika češnja češnjaka

1/2 šalice upakiranih svježih listova bosiljka

Sol i svježe mljeveni crni papar

1 funta svježe rajčice, oguljene, bez sjemenki i narezane na kockice

⅓ šalice ekstra djevičanskog maslinovog ulja

1 funta linguina

1. Pomiješajte bademe, češnjak i bosiljak u multipraktiku ili blenderu te dodajte sol i papar po ukusu. Nasjeckajte sastojke na male komadiće. Dodajte rajčicu i ulje i miješajte dok ne postane glatko.

2. Zakuhajte najmanje 4 litre vode u velikoj posudi. Dodati 2 žlice soli pa dodati tjesteninu i lagano pritisnuti dok potpuno ne potone u vodu. Dobro promiješajte. Kuhajte na jakoj vatri uz često miješanje dok tjestenina ne postane al dente, mekana, ali čvrsta na zalogaj. Odvojite malo vode od kuhanja. Ocijedite tijesto.

3. Ulijte tijesto u veliku toplu zdjelu. Dodajte umak i dobro promiješajte. Dodajte malo vode za tjesteninu ako se tjestenina čini suhom. Poslužite odmah.

Špageti s "Crazy" pestom

Špageti s pestom Matto

Za 4-6 obroka

Ovaj recept dolazi iz knjižice "Radost kuhanja tjestenine" koju je objavila talijanska tvrtka za proizvodnju tjestenine Agnesi. Recepte su poslale domaće kuharice, pisac recepta vjerojatno je improvizirao ovaj netradicionalni pesto (otuda i naziv).

2 srednje zrele rajčice, oguljene, očišćene od koštice i narezane na ploške

1/2 šalice nasjeckanih crnih maslina

6 listova bosiljka presavijenih i narezanih na tanke trakice

1 žlica nasjeckanog svježeg timijana

1/4 šalice maslinovog ulja

Sol i svježe mljeveni crni papar

1 kg špageta ili linguina

4 unce mekog svježeg kozjeg sira

1. U velikoj zdjeli pomiješajte rajčice, masline, bosiljak, majčinu dušicu i ulje te posolite i popaprite po ukusu.

2. Zakuhajte najmanje 4 litre vode u velikoj posudi. Dodati 2 žlice soli pa dodati tjesteninu i lagano pritisnuti dok potpuno ne potone u vodu. Dobro promiješajte. Kuhajte na jakoj vatri uz često miješanje dok tjestenina ne omekša. Ocijedite tijesto.

3. Dodajte tjesteninu u zdjelu s rajčicama i dobro promiješajte. Dodajte kozji sir i ponovno promiješajte. Poslužite odmah.

Fly s nekuhanim puttanesca umakom

Farfalle alla Puttanesca

Za 4-6 obroka

Sastojci za ovaj umak za tjesteninu slični su umaku<u>Linguine s inćunima i pikantnim umakom od rajčice</u>, ali okus je dosta drugačiji jer ovaj umak ne treba kuhati.

1 pola litre cherry ili grožđanih rajčica, prepolovljenih

6-8 fileta inćuna, sitno narezanih

1 veliki režanj češnjaka, vrlo sitno nasjeckan

1/2 šalice očišćenih i narezanih gaeta ili drugih blagih crnih maslina

1/4 šalice sitno nasjeckanog svježeg peršina

2 žlice kapara, opranih i nasjeckanih

1/2 žličice sušenog origana

1/4 šalice ekstra djevičanskog maslinovog ulja

soli po ukusu

Prstohvat mljevene crvene paprike

1 funta farfallea ili suhih fettuccina

1. U velikoj zdjeli pomiješajte rajčice, inćune, češnjak, masline, peršin, kapare, origano, ulje, sol i papar. Ostavite na sobnoj temperaturi 1 sat.

2. Zakuhajte najmanje 4 litre vode u velikoj posudi. Dodajte 2 žlice soli, pa tjesteninu. Dobro promiješajte. Kuhajte na jakoj vatri uz često miješanje dok tjestenina ne omekša. Odvojite malo vode od kuhanja. Ocijedite tijesto.

3. Pomiješajte tjesteninu s umakom. Ako vam se tjestenina čini suha dodajte malo vode od kuhanja. Poslužite odmah.

Tjestenina sa sirovim povrćem

Tjestenina alla Crudaiola

Za 4-6 obroka

Zeleno povrće dodaje čisti, lagani okus ovoj jednostavnoj ljetnoj hrskavoj tjestenini i soku od limuna.

2 kg zrelih rajčica, oguljenih, očišćenih od koštice i narezanih na ploške

1 režanj češnjaka, vrlo sitno nasjeckan

1 šalica mekih stabljika celera, tanko narezanih

1/2 šalice listova bosiljka, presavijenih i tanko narezanih

1/2 šalice gaete ili drugih blagih crnih maslina, bez koštica i narezanih

1/4 šalice ekstra djevičanskog maslinovog ulja

1 žlica soka od limuna

Sol i svježe mljeveni crni papar

1 kilogram fusilla ili gemella

1. Stavite rajčice, češnjak, celer, bosiljak i masline u veliku zdjelu i dobro promiješajte. Pomiješajte ulje, limunov sok te sol i papar po ukusu.

2. Zakuhajte najmanje 4 litre vode u velikoj posudi. Dodajte 2 žlice soli, pa tjesteninu. Dobro promiješajte. Kuhajte na jakoj vatri uz često miješanje dok tjestenina ne omekša. Procijedite tjesteninu i brzo je umiješajte u umak. Poslužite odmah.

"Požuri" špagete

Špageti Sciue "Sciue"

Za 4-6 obroka

Male rajčice imaju okus poput velikih rajčica i u sezoni su cijele godine. Cherry rajčice također mogu dobro poslužiti u ovom receptu. Napuljski izraz sciue 'sciue' (izgovara se shoo-ay, shoo-ay) znači nešto poput 'požuri', a ovaj se umak brzo priprema.

¼ šalice maslinovog ulja

3 češnja češnjaka, tanko narezana

Prstohvat mljevene crvene paprike

3 šalice grožđa ili cherry rajčice, prepolovljene

Sol

Prstohvat zgnječenog sušenog origana

1 kilogram špageta

1.Ulijte ulje u tavu dovoljno veliku da u nju stavite kuhanu tjesteninu. Dodajte češnjak i crvenu papriku. Kuhajte na srednje jakoj vatri dok češnjak ne postane lagano zlatne boje, oko 2 minute. Dodajte rajčicu, sol i origano po ukusu. Jednom ili dva puta miješajte 10 minuta ili dok rajčice ne omekšaju i sokovi se malo zgusnu. Isključite grijanje.

2.Zakuhajte najmanje 4 litre vode u velikoj posudi. Dodati 2 žlice soli pa dodati tjesteninu i lagano pritisnuti dok potpuno ne potone u vodu. Dobro promiješajte. Kuhajte na jakoj vatri uz često miješanje dok tjestenina ne postane al dente, mekana, ali čvrsta na zalogaj. Ocijedite tjesteninu i sačuvajte malo vode od kuhanja.

3.Dodajte tjesteninu u tavu s umakom od rajčice. Pojačajte vatru i kuhajte uz miješanje 1 minutu. Ako vam se tjestenina čini suha dodajte malo vode od kuhanja. Poslužite odmah.

"Ljutita" Penne

Arrabbiata umak

Za 4-6 obroka

Ovu olovku u rimskom stilu nazivaju "ljutom" zbog ljutog okusa umaka od rajčice. Koristite onoliko ili manje mljevene crvene paprike koliko želite. Ova se tjestenina najčešće poslužuje bez sira.

¼ šalice maslinovog ulja

4 češnja češnjaka, malo zgnječena

Mljevena crvena paprika po ukusu

2 funte svježih rajčica, oguljenih, bez sjemenki i narezanih, ili 1 (28 oz.) uvezenih talijanskih rajčica, ocijeđenih i narezanih

2 lista svježeg bosiljka

Sol

1 funta olovaka

1. Ulijte ulje u posudu dovoljno veliku da stane sva tjestenina. Dodajte češnjak i papar i kuhajte dok češnjak ne porumeni, oko 5 minuta. Uklonite češnjak.

2. Dodajte rajčice, bosiljak i sol po ukusu. Kuhajte 15-20 minuta ili dok se umak ne zgusne.

3. Zakuhajte najmanje 4 litre vode u velikoj posudi. Dodajte 2 žlice soli, pa tjesteninu. Dobro promiješajte. Kuhajte na jakoj vatri uz često miješanje dok tjestenina ne postane al dente, mekana, ali čvrsta na zalogaj. Odvojite malo vode od kuhanja. Ocijedite tijesto.

4. Penne prebacite u tavu i dobro okrenite na jakoj vatri. Ako vam se tjestenina čini suha dodajte malo vode od kuhanja. Poslužite odmah.

Rigatoni s ricottom i umakom od rajčice

Rigatoni s ricottom i salsom di pomodoro

Za 4-6 obroka

To je staromodan južnotalijanski način posluživanja tjestenine koji je neodoljiv. Neki kuhari vole preliti umak od rajčice preko tjestenine, a zatim dodati ricottu zasebno, dok drugi sve zajedno pomiješaju prije posluživanja. Tvoj izbor.

2 1/2 šalice umaka od rajčice

1 funta rigatona, jakobovih kapica ili cavatellija

Sol

Na sobnoj temperaturi umutite 1 šalicu ricotte u cijelosti ili djelomično

Svježe naribani Pecorino Romano ili Parmigiano-Reggiano po ukusu

1. Po potrebi pripremiti umak. Zakuhajte najmanje 4 litre vode u velikoj posudi. Dodajte 2 žlice soli, pa tjesteninu.

Dobro promiješajte. Kuhajte na jakoj vatri uz često miješanje dok tjestenina ne postane al dente, mekana, ali čvrsta na zalogaj.

2. Dok se tjestenina kuha, po potrebi prokuhajte umak.

3. Ljuti umak ulijte u zagrijanu zdjelu. Ocijedite tijesto i dodajte ga u zdjelu. Odmah promiješajte i po želji dodajte još umaka. Dodajte ricottu i dobro promiješajte. Posebno samljeti naribani sir. Poslužite odmah.

Leptir s cherry rajčicama i mrvicama

Farfalle al Pomodorini i Briciole

Za 4-6 obroka

Ova tjestenina trenutno je vrlo popularna u Italiji. Poslužite s malo ekstra djevičanskog maslinovog ulja.

6 žlica maslinovog ulja

1 kg koktel ili grožđanih rajčica prerezanih po dužini na pola

1/2 šalice običnih suhih krušnih mrvica

1/4 šalice svježe naribanog pecorina romana

2 žlice nasjeckanog svježeg peršina

Sol i svježe mljeveni crni papar

1 funta farfala

Ekstra djevičansko maslinovo ulje

1. Stavite rešetku u sredinu pećnice. Zagrijte pećnicu na 350°F. Dodajte 4 žlice ulja u posudu za pečenje 13 x 9 x 2

inča. Stavite narezane rajčice prerezanom stranom prema gore u tavu.

2. U manjoj posudi pomiješajte krušne mrvice, sir, peršin, preostale 2 žlice maslinovog ulja te začinite solju i paprom po ukusu. Po rajčicama pospite mrvice. Pecite 30 minuta ili dok rajčice ne omekšaju, a prezle lagano porumene.

3. Zakuhajte najmanje 4 litre vode u velikoj posudi. Dodajte 2 žlice soli, pa tjesteninu. Dobro promiješajte. Kuhajte na jakoj vatri, često miješajući, dok tjestenina ne bude mekana, ali malo kuhana. Ocijedite tjesteninu i dodajte je u tavu s rajčicama i malo ekstra djevičanskog maslinovog ulja. Poslužite odmah.

Ziti sa špinatom i ricottom

Sjemenke špinata i ricotte

Za 4-6 obroka

Špinat, ricotta i parmigiano-reggiano tipična su nadjeva za raviole u Emiliji-Romagni i mnogim drugim regijama. U ovom receptu nadjev od svježe tjestenine postaje suhi umak za tjesteninu. Okusi su slični, ali metoda je svakim danom mnogo jednostavnija. Špinat po želji možete zamijeniti nasjeckanom kuhanom brokulom.

1 1/2 kg špinata kojemu odstranimo tvrde peteljke

4 žlice neslanog maslaca

1 srednja glavica luka, sitno nasjeckana

Sol

1 funta zitija ili pennea

Na sobnoj temperaturi umutite 1 šalicu ricotte u cijelosti ili djelomično

1/2 šalice svježe naribanog parmigiano-reggiana

Svježe mljeveni crni papar

1. Stavite špinat u veliki lonac s 1/4 šalice vode na srednje jaku vatru. Poklopite i kuhajte 2-3 minute ili dok ne uvenu i ne omekšaju. Ocijediti i ohladiti. Zamotajte špinat u krpu koja ne ostavlja dlačice i iscijedite što više vode. Špinat nasjeckajte na sitne komadiće.

2. Otopite maslac u velikoj tavi na srednjoj vatri. Dodajte luk i kuhajte dok ne omekša i ne porumeni, oko 10 minuta. Dodajte nasjeckani špinat i kuhajte uz miješanje dok se špinat ne zagrije, 3-4 minute. Po želji dodajte soli

3. Zakuhajte najmanje 4 litre vode u velikoj posudi. Dodajte 2 žlice soli, pa tjesteninu. Dobro promiješajte. Kuhajte na jakoj vatri uz često miješanje dok tjestenina ne postane al dente, mekana, ali čvrsta na zalogaj. Ocijedite tjesteninu i sačuvajte malo vode od kuhanja.

4. U veliku zagrijanu zdjelu ubacite tjesteninu sa špinatom, ricottom i sirom. Ako vam se tjestenina čini suha dodajte

malo vode od kuhanja. Pospite svježe mljevenim crnim paprom i odmah poslužite.

Rigatoni s četiri sira

Rigatoni i Quattro Formaggi

Za 4-6 obroka

Četiri vrste sira predložene u nastavku samo su prijedlozi. Koristite ono što imate pri ruci. Osušeni komadi su dobri i za ribanje. Ne mogu se sjetiti sira koji se ne bi dobro sljubio s tjesteninom. Imao sam verzije ove tjestenine u Rimu, Toskani i Napulju i sumnjam da kuhari miješaju ovu varijantu kada rade male količine različitih sireva.

1 funta rigatoni, ziti ili fusilli

Sol

6 žlica neslanog maslaca, otopljenog

1/2 šalice nasjeckane Fontina Valle d'Aosta

1/2 šalice naribane svježe mozzarelle

1/2 šalice nasjeckanog Gruyerea ili Emmenhala

3/4 šalice svježe naribanog parmigiano-reggiana

Svježe mljeveni crni papar

1. Zakuhajte najmanje 4 litre vode u velikoj posudi. Dodajte 2 žlice soli, pa tjesteninu. Dobro promiješajte. Kuhajte na jakoj vatri uz često miješanje dok tjestenina ne postane al dente, mekana, ali još uvijek čvrsta. Ocijedite tjesteninu i sačuvajte malo vode od kuhanja.

2. U većoj zagrijanoj zdjeli pomiješajte tijesto s maslacem. Dodajte sir i nekoliko žlica vode za tjesteninu. Miješajte dok se sir ne otopi. Pospite crnim paprom i odmah poslužite.

Linguine s kremastim umakom od oraha

Linguine uz Salsu di Nocival

Za 4-6 obroka

Moja prijateljica Pauline Wasserman naišla je na ovaj recept dok je putovala u Pijemont i dala mi ga prije nekoliko godina. Orasi daju bogat okus tjestenini, dok je ricotta održava kremastom i vlažnom. Poslužujem uz Dolcetto, lagano, suho crno vino iz Pijemonta.

1/2 šalice oraha

2 žlice pinjola

4 žlice neslanog maslaca

1 mali režanj češnjaka, vrlo sitno nasjeckan

1 žlica nasjeckanog svježeg peršina

1Zagrabite 1/4 šalice ricotte, mascarponea ili vrhnja

Sol

1 funta linguina

1/2 šalice svježe naribanog parmigiano-reggiana

1. Stavite orahe i pinjole u multipraktik ili blender. Orahe sitno samljeti. (Nemojte raditi u pastu.)

2. Otopite maslac u srednje jakoj tavi na srednjoj vatri. Dodajte češnjak i peršin i kuhajte 1 minutu. Umiješajte lješnjake i ricottu. Promiješajte i zagrijte.

3. U međuvremenu u velikom loncu zakuhajte oko 4 litre vode. Dodati 2 žlice soli pa dodati tjesteninu i lagano pritisnuti dok potpuno ne potone u vodu. Dobro promiješajte. Kuhajte uz često miješanje dok tjestenina ne postane al dente, mekana, ali čvrsta na zalogaj. Odvojite malo vode od kuhanja. Ocijedite tijesto.

4. Tjesteninu s umakom i naribanim sirom ulijte u veliku zagrijanu zdjelu. Ako vam se tjestenina čini suha dodajte malo vode od kuhanja. Poslužite odmah.

Let s Amarettijem

Farfalle s Amarettijem

Za 4-6 obroka

Jedan od specijaliteta Lombardije je tjestenina od svježih jaja punjena zimskom tikvicom i naribanim amarettima, hrskavi keksići od badema (<u>Zimski ravioli od bundeve s maslacem i bademima</u>). Okupan otopljenim maslacem i posut slanim i orašastim parmigianom, kombinacija okusa iznimno je neobična i nezaboravna. Konobar u maloj tratoriji u Cremoni rekao mi je da je ovaj jednostavan recept za sušenu tjesteninu inspiriran ovim sofisticiranim jelom.

Ako su grožđice suhe, dodajte ih u kipuću vodu za tjesteninu neposredno prije nego što ih ocijedite.

Sol

1 funta farfala

1 štapić neslanog maslaca, otopljenog

12-16 amaretti krekera, zdrobljenih (oko 1/2 šalice mrvica)

⅓ šalice zlatnih grožđica

1 šalica ribanog Parmigiano-Reggiano

1. Zakuhajte najmanje 4 litre vode u velikoj posudi. Dodajte 2 žlice soli, pa tjesteninu. Dobro promiješajte. Kuhajte na jakoj vatri uz često miješanje dok tjestenina ne postane al dente, mekana, ali čvrsta na zalogaj. Odvojite malo vode od kuhanja. Ocijedite tijesto.

2. Stavite maslac u veliku toplu zdjelu. Dodajte tijesto i pomiješajte ga s mrvicama za kolače i grožđicama. Dodati sir i opet izmiksati. Ako vam se tjestenina čini suha dodajte malo vode od kuhanja. Poslužite toplo.

Špageti s pečenim jajima na salernski način

Spaghetti l'Uuovo Fritto alla Salernitana

Za 2 porcije

Iako sam za ovaj recept čula iz okolice Napulja, isprobala sam ga tek jedan dan kada sam pomislila da kod kuće nema ništa što bih mogla skuhati za sebe i muža. Lagan je i ugodan, a može se poslužiti i kao međuobrok. Jaja treba kuhati dok bjelanjci ne omekšaju, a žumanjci još uvijek mekani. Sastojci za ovaj recept čine dvije porcije, no po potrebi ih možete udvostručiti ili utrostručiti.

4 unce špageta ili linguina

Sol

2 žlice maslinovog ulja

4 jaja

1/2 šalice svježe naribanog pecorina romana

Svježe mljeveni crni papar

1. Zakuhajte najmanje 4 litre vode u velikoj posudi. Dodati 2 žlice soli pa dodati tjesteninu i lagano pritisnuti dok potpuno ne potone u vodu. Dobro promiješajte. Kuhajte na jakoj vatri uz često miješanje.

2. Zagrijte ulje u velikoj tavi na srednje jakoj vatri. Dodajte jaja i pospite solju i paprom. Kuhajte dok bjelanjak ne omekša, a žumanjak još mekan.

3. Ocijedite tjesteninu i sačuvajte malo vode od kuhanja. Preko tjestenine prelijte sir i 2-3 žlice vode.

4. Podijelite tijesto u 2 zdjele za posluživanje. Umutite dva jaja na vrh i odmah poslužite.

Tagliarini sufle

Tagliarini sufle

Za 6 obroka

Neki recepti u moju kuhinju dolaze zaobilaznim putem. Moj prijatelj Arthur Schwartz podijelio je ovu čudnu stvar sa mnom. Učio je od svoje partnerice u školi kuhanja, barunice Cecilije Bellelli Baratta, a Baratta od svoje majke Elvire. Obitelj Baratta živi u Battipagliji, u pokrajini Salerno, gdje je Cecilijin otac radio u tvrtki za pakiranje rajčica. No tijekom Drugog svjetskog rata obitelj je živjela u Parmi, gdje je bilo mnogo sigurnije.

Elvira (91 godina) još uvijek kuha dosta parmske hrane i tvrdi da je ideja o puhanju tjestenine nastala upravo na ovim prostorima, iako postoje i druge varijacije. Cecilia ističe da sjeverni Talijani nemaju monopol nad tjesteninom od jaja i umacima od vrhnja, unatoč onome što mi mislimo.

Posebnost ovog recepta je što se ne radi od svježih, već od osušenih rezanaca jaja. Potražite tagliarini, cappellini ili cappelli di angelo, iako će tradicionalna tanka tjestenina od jaja također poslužiti. Okus limuna čini jelo još lakšim nego što jest.

Bešamel

4 žlice neslanog maslaca

4 žlice višenamjenskog brašna

2 šalice mlijeka

3/4 šalice ribanog Parmigiano-Reggiano

1/8 žličice svježe ribanog muškatnog oraščića

1 1/2 žličice soli

1/2 žličice svježe mljevenog crnog papra

Sitno naribana korica 1 limuna

Sok od 1 limuna

4 velika jaja, odvojena

Sol

8 unci sušenih tagliarinija ili druge fine tjestenine od sušenih jaja, razlomljenih na komade od 3 inča

4 žlice neslanog maslaca

1 bjelanjak

1/4 šalice plus 2 žlice običnih suhih krušnih mrvica

1. Za pripremu umaka: Otopite maslac u malom loncu na srednje jakoj vatri. Pjenjačom umiješajte brašno i kuhajte 2 minute.

2. Neprekidno miješati, dodavati mlijeko. Zakuhajte uz često miješanje. Maknite s vatre i umiješajte sir. Ostavite da se malo ohladi prije nego što umiješate muškatni oraščić, sol, papar, limunovu koricu i sok.

3. Ostružite smjesu u veliku zdjelu za miješanje i ostavite da se ohladi na sobnoj temperaturi. (Ako ste u žurbi, ohladite smjesu tako da zdjelu stavite u drugu posudu napunjenu ledenom vodom.) Dodajte žumanjke i dobro promiješajte.

4. Prokuhajte oko 3 litre vode. Dodajte 2 žlice soli, pa tjesteninu. Kuhati tek napola. Tijesto će biti fleksibilno, ali još uvijek tvrdo u sredini. Dobro ocijediti. Tjesteninu vratite u lonac u kojem se kuhala i prekrijte je s preostale 2 žlice maslaca. Pustite da se tijesto malo ohladi.

5. Stavite rešetku u sredinu pećnice. Zagrijte pećnicu na 375°F. Podmažite posudu za pečenje 9×9×2 inča s 1 žlicom preostalog maslaca. Pospite s otprilike 1/4 šalice krušnih mrvica i dobro premažite jelo.

6. Bjelanjke s prstohvatom soli istucite u velikoj zdjeli električnom miješalicom na srednjoj brzini dok se ne stvore mekani snijeg. Bjelanjke pažljivo umiješajte u bešamel. Umak jednu po jednu umiješajte u tijesto gumenom kuhačom. Radite pažljivo kako biste izbjegli previše smanjenje proteina. Nastružite smjesu u pripremljenu posudu.

7. Pospite s preostale 2 žlice krušnih mrvica. Pokapajte s preostalom 1 žlicom maslaca.

8. Pecite 30 minuta ili dok se souffle ne napuhne i postane lagano zlatan.

9. Radi praktičnosti, izrežite na kvadrate i odmah poslužite. Souffle će malo potonuti dok se hladi.

Špageti na ugljenu

Špageti carbonara

Za 6-8 obroka

Rimljani pripisuju inspiraciju za ovu brzu tjesteninu marljivom nosaču drvenog ugljena. Kažu da je velikodušno mljevenje crnog papra slično ugljenoj prašini!

Neki američki kuhari dodaju vrhnje u umak, ali tako ga rade u Rimu.

4 unce pancete, debelo narezane

1 žlica maslinovog ulja

3 velika jaja

Sol i svježe mljeveni crni papar

1 kg špageta ili linguina

3/4 šalice svježe naribanog Pecorina Romana ili Parmigiano-Reggiano

1. Pancetu narežite na komade od 1/4 inča. Ulijte ulje u posudu dovoljno veliku da stane sva kuhana tjestenina. Dodajte pancetu. Kuhajte na srednje jakoj vatri dok panceta ne porumeni oko rubova, oko 10 minuta. Isključite grijanje.

2. U srednjoj posudi istucite jaja s dosta soli i papra.

3. Zakuhajte najmanje 4 litre vode u velikoj posudi. Dodati 2 žlice soli pa dodati tjesteninu i lagano pritisnuti dok potpuno ne potone u vodu. Dobro promiješajte. Kuhajte na jakoj vatri uz često miješanje dok tjestenina ne postane al dente, mekana, ali čvrsta na zalogaj. Ocijedite tjesteninu i sačuvajte malo vode od kuhanja.

4. Skuhanu tjesteninu dodajte u tavu s pancetom i dobro promiješajte na srednjoj vatri. Dodajte jaje i malo vode od kuhanja. Lagano miješajte dok smjesa ne postane kremasta. Pospite sirom i paprom. Dobro promiješajte i odmah poslužite.

Bucatini s rajčicom, pancetom i feferoni

Bucatini all'Amatriciana

Za 4-6 obroka

Amatrice je ime grada u Abruzzu. Mnogi ljudi iz ovog kraja naselili su se u Rimu i ovaj recept je postao jedno od najpoznatijih jela u gradu. Kao i sa svim tradicijama, postoji neslaganje oko ispravnog načina održavanja. Jednom sam čuo radio emisiju na tu temu u Rimu gdje su sat vremena raspravljali o prednostima i nedostacima dodavanja luka.

Probala sam mnoge varijante i ova mi se najviše sviđa. Bucatini, vrlo debeli oblik špageta s rupom u sredini, tradicionalni su, ali ih je teško jesti. Za razliku od špageta, linguina i druge tjestenine s dugim nitima, ne otkotrlja se sasvim s vilice, pogotovo kad se tvrdo skuha, kao što su Rimljani voljeli raditi. Kratka, tanka tjestenina poput penne jednako je dobra i mnogo ukusnija za jelo.

2 žlice maslinovog ulja

2 unce narezane pancete, debljine oko 1/8 inča, narezane na male komadiće

1 srednja glavica luka, sitno nasjeckana

Prstohvat mljevene crvene paprike

1/2 šalice suhog bijelog vina

1 (28 unci) limenka uvezenih talijanskih pelata, ocijeđenih i nasjeckanih

Sol

1 funta bucatinija, perciatelle ili pennea

1/2 šalice svježe naribanog pecorina romana

1. Ulijte ulje u posudu dovoljno veliku da stane sva kuhana tjestenina. Dodajte pancetu, luk i mljevenu crvenu papriku. Kuhajte na srednje jakoj vatri, povremeno miješajući, dok panceta i luk ne porumene, oko 12 minuta.

2. Ulijte vino i pustite da zavrije.

3. Umiješajte rajčice i posolite po ukusu. Zakuhajte umak i kuhajte uz povremeno miješanje dok se umak ne zgusne, oko 25 minuta.

4. Zakuhajte najmanje 4 litre vode u velikoj posudi. Dodajte 2 žlice soli, pa tjesteninu. Dobro promiješajte. Kuhajte na jakoj vatri uz često miješanje dok tjestenina ne postane al dente, mekana, ali čvrsta na zalogaj. Odvojite malo vode od kuhanja. Ocijedite tijesto.

5. Ulijte tjesteninu u tavu s umakom. Miješajte tjesteninu i umak na jakoj vatri oko 1 minutu ili dok se tjestenina ne prekrije. Dodajte malo kipuće vode ako se tjestenina čini suhom. Maknite s vatre. Dodajte sir i dobro promiješajte. Poslužite odmah.

Penne s pancetom, pecorinom i crnim paprom

Penne alla Gricia

Za 4-6 obroka

Koliko bi ova tjestenina mogla biti dobra podsjetio sam se u njujorškom restoranu San Domenico, gdje su je pripremali za ručak u čast rimske kuhinje. Morao sam dodati u ovu kolekciju.

Penne alla Gricia bliski je rođak i vjerojatni predak Bucatini all'Amatriciana na lijevoj strani. Tradicionalni recepti za oba uključuju iste sastojke — suho meso, mast i ribani feta sir koji su bili prepoznatljivi okusi tjestenine prije nego što su rajčice stigle iz Novog svijeta i usvojene u Italiji. Svinjska mast daje odličan okus, ali možete je zamijeniti maslinovim uljem ako želite.

U Rimu to rade s guancialeom, mariniranim svinjskim obrazima. Guanciale je teško pronaći osim ako ne živite blizu talijanske specijalizirane mesnice, ali panceta je vrlo slična. Ako možete, izrežite kriške debljine oko 1/8 inča. Kako biste lakše rezali kriške, pokušajte ih nakratko zamrznuti na voštanom papiru.

2 žlice masti ili maslinova ulja

4 unce narezane guanciale ili pancete, debljine oko 1/8 inča, narezane na male komadiće

Sol

1 kilogram špageta

1/2 šalice svježe naribanog pecorina romana

1/2 žličice svježe mljevenog crnog papra ili više po ukusu

1. U tavi dovoljnoj da stane sva kuhana tjestenina zagrijte mast ili maslinovo ulje na srednje jakoj vatri. Dodajte guanciale ili pancetu i kuhajte, često miješajući, 10 minuta ili dok ne postane hrskava i zlatna.

2. Zakuhajte najmanje 4 litre vode u velikoj posudi. Dodajte 2 žlice soli, pa tjesteninu. Dobro promiješajte. Kuhajte na jakoj vatri uz često miješanje dok tjestenina ne postane al dente, mekana, ali čvrsta na zalogaj. Odvojite malo vode od kuhanja. Ocijedite tijesto.

3.Ubacite tjesteninu u tavu i pomiješajte sa sirom, paprom i nekoliko žlica vode dok se tjestenina dobro ne obloži. Poslužite odmah s dodatnim paprom, po želji.

Penne sa svinjetinom i cvjetačom

Incaciata tjestenina

Za 4-6 obroka

Moja prijateljica Carmella Ragusa pokazala mi je kako napraviti ovaj recept koji je naučila dok je bila u posjetu obitelji na Siciliji.

2 žlice maslinovog ulja

2 češnja češnjaka sitno nasjeckana

8 oz mljevene svinjetine

1 žličica sjemena komorača

1/2 šalice suhog crnog vina

1 funta svježih rajčica šljiva, oguljenih, bez sjemenki i narezanih na kockice ili 2 šalice konzerviranih uvezenih talijanskih rajčica, ocijeđenih i narezanih na kockice

Sol i svježe mljeveni crni papar

3 šalice cvjetova cvjetače

1 funta olovaka

Otprilike 1 šalica svježe ribanog pecorina romana

1. Ulijte ulje u veliki pleh. Dodajte češnjak i kuhajte na srednjoj vatri dok ne porumeni, oko 2 minute. Dodajte svinjetinu i sjemenke komorača i dobro promiješajte. Kuhajte uz povremeno miješanje dok meso ne porumeni, oko 15 minuta.

2. Dodajte vino i pirjajte 3 minute ili dok većina tekućine ne ispari.

3. Dodajte rajčice te sol i papar po ukusu. Kuhajte 15 minuta ili dok umak malo ne omekša.

4. Zakuhajte najmanje 4 litre vode u velikoj posudi. Dodajte cvjetaču i 2 žlice soli. Kuhajte 10 minuta dok cvjetača ne omekša. Cvjetaču šupljikavom žlicom izdubite i dobro ocijedite. Nemojte bacati vodu.

5. U umak dodajte cvjetaču i kuhajte uz često miješanje i lomljenje žlicom na komadiće dok se umak ne zgusne, još 10 minuta.

6. Zakuhajte vodu i dodajte tjesteninu. Kuhajte uz često miješanje dok tjestenina ne postane al dente, mekana, ali čvrsta na zalogaj. Odvojite malo vode od kuhanja. Ocijedite tijesto.

7. Tijesto prebacite u zagrijanu zdjelu. Umak prelijte preko tjestenine, po potrebi ga razrijedite kipućom vodom. Dodajte sir i dobro promiješajte. Poslužite odmah.

Špageti s umakom od votke

Špageti s votkom

Za 4-6 obroka

Prema mom prijatelju Arthuru Schwartzu, autoru kuharica i autoritetu za sigurnost hrane, ova je tjestenina izumljena u Italiji 1970-ih kao dio reklamne kampanje za veliku tvrtku votke. Prvo sam ga nabavio u Rimu, ali čini se da je sada popularniji u SAD-u nego u Italiji.

1/4 šalice neslanog maslaca

1/4 šalice sitno nasjeckane ljutike

2 unce narezane uvozne talijanske šunke, narezane na tanke trakice

1 limenka (28 unci) uvezenih talijanskih pelata, ocijeđenih i grubo nasjeckanih

1/2 žličice mljevene crvene paprike

Sol

1/2 šalice gustog vrhnja

1/4 šalice votke

1 kg špageta ili linguina

1/2 šalice svježe naribanog parmigiano-reggiana

1. U tavi dovoljno velikoj da stane sva kuhana tjestenina, otopite maslac na srednje jakoj vatri. Dodajte ljutiku i kuhajte dok ne porumeni, oko 2 minute. Umiješajte šunku i kuhajte 1 minutu.

2. Dodajte rajčice, mljevenu crvenu papriku i sol po ukusu. Pirjati 5 minuta. Umiješajte vrhnje i kuhajte još 1 minutu uz dobro miješanje. Dodajte votku i kuhajte 2 minute.

3. Zakuhajte 4 litre vode u velikoj posudi. Dodati 2 žlice soli pa dodati tjesteninu i lagano pritisnuti dok potpuno ne potone u vodu. Kuhajte na jakoj vatri, često miješajući, dok ne bude al dente, mekano, ali čvrsto na zalogaj. Odvojite malo vode od kuhanja. Ocijedite tijesto.

4.Dodajte tjesteninu u tavu s umakom. Dodajte tjesteninu u umak na jakoj vatri dok se dobro ne prekrije. Dodajte malo kipuće vode ako vam se umak čini pregust. Umiješajte sir i ponovno promiješajte. Poslužite odmah.

Leptir sa šparogama, vrhnjem i šunkom

Farfalle sa šparogama

Za 6-8 obroka

Ova kombinacija savršena je za proljetni jelovnik. Mislim da je vrhnje jako bogato, pa ovu tjesteninu poslužujem u malim porcijama kao prvo jelo prije nečeg jednostavnog poput teletine ili piletine na žaru. U ovu tjesteninu sam dodala sjeckanu pečenu papriku i jako mi se sviđa kombinacija.

1 kg svježih šparoga narezanih

Sol

1 šalica vrhnja

1 funta farfala

1/2 šalice svježe naribanog parmigiano-reggiana

2 unce narezane uvozne talijanske šunke, poprečno narezane na tanke trakice

1. Zakuhajte oko 5 cm vode u velikoj posudi. Dodati šparoge i posoliti po ukusu. Kuhajte dok šparoge ne omekšaju i lagano se savijaju kad ih izvadite iz vode. Vrijeme kuhanja ovisi o debljini šparoga. Osušite šparoge. Narežite ih na komade veličine zalogaja.

2. Zakuhajte vrhnje u manjoj posudi. Kuhajte 5 minuta ili dok se malo ne zgusne.

3. Zakuhajte veliki lonac vode. Dodajte 2 žlice soli, pa tjesteninu. Dobro promiješajte. Kuhajte na jakoj vatri uz često miješanje dok tjestenina ne postane al dente, mekana, ali čvrsta na zalogaj. Odvojite malo vode od kuhanja. Ocijedite tijesto.

4. Ulijte tjesteninu, vrhnje i sir u veliku zdjelu i dobro promiješajte. Dodajte malo kipuće vode ako vam se umak čini pregust. Dodati šparoge i šunku, pa opet izmiksati. Poslužite odmah.

Perje "navučeno" s mesnim umakom

Penne Strascinate

Za 6 obroka

Ovu tjesteninu sam prvi put jeo u malom seoskom restoranu u Toskani, regiji gdje je svaki kuhar priprema na svoj način. Zove se "Penne" jer se tjestenina kuha dok se baca u umak. To tjestenini daje okus umaka.

1/4 šalice maslinovog ulja

1 srednja glavica luka, sitno nasjeckana

1 srednja mrkva, sitno nasjeckana

1 nježna stabljika celera, sitno nasjeckana

1 režanj češnjaka, vrlo sitno nasjeckan

2 žlice nasjeckanog svježeg bosiljka

12 unci mljevene teletine

1/2 šalice suhog crnog vina

2 šalice oguljenih, sjemenki i narezanih na kockice svježih rajčica ili konzerva uvezenih talijanskih konzerviranih pelata, ocijeđenih i nasjeckanih

1 šalica domaćegJuhaopsesijapileća juhaili kupovnu goveđu ili pileću juhu

Sol i svježe mljeveni crni papar

1 funta olovaka

1/2 šalice svježe naribanog pecorina romana

1/2 šalice svježe naribanog parmigiano-reggiana

1. Ulijte ulje u posudu dovoljno veliku da stane sva kuhana tjestenina. Dodajte luk, mrkvu, celer, češnjak i bosiljak. Kuhajte na srednje jakoj vatri dok povrće ne omekša, oko 10 minuta.

2. Dodajte teletinu i kuhajte uz često miješanje oko 10 minuta da se razbiju grudice. Ulijte vino i pustite da zavrije. Neka kuha 1 minutu.

3. Umiješajte rajčice i juhu, posolite i popaprite po ukusu. Kuhajte na laganoj vatri 45 minuta uz povremeno miješanje.

4. Zakuhajte 4 litre vode u velikoj posudi. Dodajte 2 žlice soli, pa tjesteninu. Dobro promiješajte. Kuhajte na jakoj vatri, često miješajući, dok tjestenina ne bude gotovo mekana, ali malo kuhana. Odvojite malo kipuće vode. Ocijedite tijesto.

5. U tavu dodajte tjesteninu i zagrijte je na srednjoj temperaturi. Tjesteninu kuhati 2 minute, dobro promiješati, po potrebi dodati malo vode. Umiješajte sir i odmah poslužite.

Špageti na Caruso način

Špageti Enrica Carusa

Za 6 obroka

Enrico Caruso, veliki napuljski tenor, volio je kuhati i jesti. Tjestenina je bila njezin specijalitet i vjerojatno jedan od omiljenih.

¼ šalice maslinovog ulja

¼ šalice sitno nasjeckane ljutike ili luka

8 unci pilećih jetrica, obrezanih i narezanih na male komadiće

1 žličica nasjeckanog ružmarina

Sol i svježe mljeveni crni papar

2 šalice oguljenih, sjemenki i narezanih na kockice svježih rajčica ili konzerva uvezenih talijanskih konzerviranih pelata, ociječenih i nasjeckanih

1 kg špageta ili linguina

2 žlice neslanog maslaca

1/2 šalice svježe naribanog parmigiano-reggiana

1. Ulijte ulje u posudu dovoljno veliku da stane sva tjestenina. Dodajte ljutiku. Kuhajte na srednjoj vatri dok ne omekša, oko 3 minute. Dodati jetru, ružmarin te sol i papar po ukusu. Kuhajte 2 minute ili dok jetrica više ne bude ružičasta.

2. Umiješajte rajčice i pustite da zavrije. Kuhajte 20 minuta ili dok se malo ne zgusne.

3. Zakuhajte 4 litre vode u velikoj posudi. Dodati 2 žlice soli pa dodati tjesteninu i lagano pritisnuti dok potpuno ne potone u vodu. Dobro promiješajte. Kuhajte na jakoj vatri uz često miješanje dok tjestenina ne postane al dente, mekana, ali čvrsta na zalogaj. Odvojite malo vode od kuhanja. Ocijedite tijesto.

4. Dodajte špagete u umak i miješajte na jakoj vatri 1 minutu. Dodajte malo kipuće vode ako vam se umak čini pregust. Dodati maslac i sir i opet izmiksati. Poslužite odmah.

Pennes s grahom i pancetom

Penne i Fagioli

Za 4-6 obroka

Neki recepti za tjesteninu i grah su gusti i juhasti, s jednakim dijelovima graha i tjestenine. Ova toskanska verzija je prava tjestenina s grahom i umakom od rajčice.

2 žlice maslinovog ulja

2 1/2 unce pancete, sitno nasjeckane

1 srednja glavica luka, sitno nasjeckana

1 veliki režanj češnjaka, oguljen i nasjeckan

Ocijedite 2 šalice kuhanih ili konzerviranih brusnica ili cannellini graha

1 1/2 kilograma rajčica šljiva, oguljenih, bez sjemenki i narezanih na kockice ili 3 šalice konzerviranih uvezenih talijanskih rajčica, ocijeđenih i narezanih na kockice

soli po ukusu

1 funta olovaka

Svježe mljeveni crni papar

1/2 šalice nasjeckanog peršina

1/2 šalice svježe naribanog parmigiano-reggiana

1. Ulijte ulje u veliki pleh. Dodajte pancetu. Kuhajte na srednjoj vatri, povremeno miješajući, 10 minuta ili dok lagano ne porumene. Dodajte luk i kuhajte dok ne omekša i ne porumeni, oko 10 minuta.

2. Umiješajte češnjak i kuhajte još 1 minutu. Dodajte mahune, rajčice, sol i papar. Neka kuha 5 minuta.

3. Zakuhajte oko 4 litre vode u velikoj posudi. Dodajte 2 žlice soli, pa tjesteninu. Dobro promiješajte. Kuhajte na jakoj vatri uz često miješanje dok tjestenina ne postane al dente, mekana, ali čvrsta na zalogaj. Odvojite malo vode od kuhanja. Ocijedite tijesto.

4. U veliku toplu zdjelu ubacite tjesteninu s umakom i peršinom. Po potrebi dodati malo vode od kuhanja. Dodati

sir i opet izmiksati. Poslužite sa svježe naribanim Parmigiano-Reggianom.

Tjestenina sa slanutkom

Pašta i Ceci

Za 4 porcije

Kap ekstra djevičanskog maslinovog ulja savršen je završni dodir tjestenine od slanutka. Ako želite nešto začiniti, probajte nešto<u>sveto ulje</u>.

2 žlice maslinovog ulja

2 unce debelo izrezane pancete, sitno nasjeckane

1 srednji crveni luk, sitno nasjeckan

1 kilogram rajčice oguljene, očišćene i narezane na ploške

1 žlica nasjeckane svježe kadulje

Prstohvat mljevene crvene paprike

Sol

Ocijedite 2 šalice kuhanog ili konzerviranog slanutka

8 unci male tjestenine kao što je elbow ili ditals

Ekstra djevičansko maslinovo ulje

1.Ulijte ulje u veliki pleh. Dodajte pancetu i luk te kuhajte na umjerenoj vatri uz povremeno miješanje oko 10 minuta ili dok ne omekšaju i ne porumene.

2.Dodajte rajčice, 1/2 šalice vode, kadulju, papriku i sol po ukusu. Zakuhajte i kuhajte 15 minuta. Dodajte slanutak i kuhajte još 10 minuta.

3.Zakuhajte oko 4 litre vode u velikoj posudi. Umiješajte 2 žlice soli, pa umiješajte tjesteninu. Dobro promiješajte. Kuhajte uz često miješanje dok tjestenina ne postane mekana, ali čvrsta. Odvojite malo vode od kuhanja. Ocijedite tijesto.

4.Dodajte tjesteninu u tavu s umakom. Dobro promiješajte i pustite da prokuha, po potrebi dodajte malo vode od kuhanja. Poslužite odmah.

Rigatonijev Rigoletto

Tjestenina al Rigoletto

Za 6 obroka

Ova je tjestenina dobila ime po Rigolettu, tragičnom junaku slavne Verdijeve opere. Priča se odvija u Mantovi, gdje je ova tjestenina poznata.

2 ili 3 talijanske svinjske kobasice (oko 12 unci)

2 žlice maslinovog ulja

1 srednja glavica luka, sitno nasjeckana

2 češnja češnjaka sitno nasjeckana

4 žlice paste od rajčice

2 šalice vode

2 šalice kuhanih suhih brusnica ili cannellini graha, malo ocijeđenih

Sol i svježe mljeveni crni papar

1 funta rigatonija

1 žlica neslanog maslaca

1/4 šalice sitno nasjeckanog svježeg bosiljka

1/2 šalice svježe naribanog parmigiano-reggiana

1. Kobasicama skinite ovojnicu, meso narežite na male komadiće.

2. Ulijte ulje u tepsiju dovoljno veliku da stane sve sastojke. Dodajte luk, meso kobasice i češnjak. Kuhajte na srednje jakoj vatri, često miješajući, dok luk ne omekša, a kobasica lagano porumeni (oko 15 minuta).

3. Dodajte pastu od rajčice i vodu. Zakuhajte i kuhajte 20 minuta ili dok se malo ne zgusne.

4. Dodajte mahune i začinite solju i paprom po ukusu. Kuhajte 10 minuta pa zgnječite mahune stražnjom stranom žlice da umak postane kremast.

5. Zakuhajte najmanje 4 litre vode u velikoj posudi. Dodajte 2 žlice soli, pa tjesteninu. Dobro promiješajte. Kuhajte na

jakoj vatri uz često miješanje dok tjestenina ne postane al dente, mekana, ali čvrsta na zalogaj. Odvojite malo vode od kuhanja. Ocijedite tijesto.

6.Dodajte tjesteninu u tavu s umakom, promiješajte i kuhajte 1 minutu. Po potrebi dodajte malo vode. Umiješajte maslac i bosiljak. Dodati sir i opet izmiksati. Poslužite odmah.

Annini prženi špageti

Špageti Fritti alla Anna

Za 4 porcije

Kad su moj suprug i grupa prijatelja posjetili vlasnicu kulinarske škole Annu Tasco Lanzu na njezinoj obiteljskoj farmi i vinariji u Regalealiju na Siciliji, podijelili smo nekoliko obroka. Pred kraj našeg boravka odlučili smo napraviti ležeran ručak od onoga što je bilo u hladnjaku. Dok smo mi ostali radili na rezanju kruha i sira, ulijevanju vina i pripremanju salate, Anna je uzela malo ostataka špageta i bacila ih u tešku tavu. Tijesto se za nekoliko minuta pretvorilo u hrskavu zlatnu tortu koju su svi pojeli. Anna se iznenadila što nam se toliko svidjelo i rekla da se radi samo od ostataka tijesta. Moja prijateljica Judith Weber na kraju je saznala više o pripremi i dala mi recept. Ovo je idealno za ponoćnu večeru,

4-8 unci hladnih ostataka špageta<u>Sicilijanski umak od rajčice</u>opsesija<u>Marinara umak</u>

3 žlice maslinovog ulja

2 žlice naribanog pekorina romana

1. Po potrebi pripremite špagete s umakom od rajčice. Stavite u hladnjak na najmanje 1 sat ili preko noći.

2. Zagrijte 2 žlice ulja u velikoj neprianjajućoj tavi na srednje jakoj vatri. 1 žlicu sira poprskati uljem i odmah dodati tjesteninu u tavu. Poravnajte stražnjom stranom žlice. Tijesto ne smije biti dublje od 3/4 inča.

3. Tijesto kuhajte povremeno pritišćući na posudu dok ne porumeni i postane hrskavo (cca. 20 minuta). S vremena na vrijeme provucite tanku lopaticu ispod tijesta da se ne lijepi.

4. Kada je tijesto lijepo pečeno maknite posudu s vatre. Gurnite lopaticu ispod tijesta da se ne lijepi. Na tavu stavite veliku preokrenutu zdjelu. Zaštitite ruke rukama i preokrenite tavu i tanjur tako da pljeskavice padnu s tave na tanjur.

5. U tavu dodajte preostalo ulje i sir. Gurnite tijesto natrag u posudu, hrskavom stranom prema gore. Pecite na isti način

kao i prvu stranu dok ne porumene i postanu hrskave, dodatnih 15 minuta. Izrežite na kolutove i poslužite vruće.

Timbale tjestenina od patlidžana

Tjestenina al Timballo

Za 6 obroka

Ploške patlidžana s tjesteninom, sirom i mesom u kupoli čine spektakularno jelo za zabavu ili posebnu prigodu. Nije teško za pripremu, ali jako pazite kada vadite teško tijesto iz pećnice dok je vruće.

Na Siciliji se proizvodi od caciocavalla, polutvrdog kravljeg sira koji se prodaje u omotima u obliku kruške. Ime znači konjski sir, a zašto se tako zove raspravlja se stoljećima. Neki povjesničari vjeruju da se sir izvorno proizvodio od kobiljeg mlijeka, dok drugi vjeruju da se nekad prevozio na konju obješenom o stupove. Caciocavallo je sličan provolonu, koji se može zamijeniti ili koristiti s pecorino romano.

2 srednja patlidžana (oko 1 funta svaki)

Sol

maslinovo ulje

1 srednji crveni luk, sitno nasjeckan

1 režanj češnjaka, sitno nasjeckan

8 unci mljevene govedine

8 unci talijanske svinjske kobasice, s kožom i narezane na kockice

2 funte svježih rajčica, oguljenih, bez sjemenki i narezanih na kockice, ili 1 (28 oz.) uvezenih talijanskih pelate, nasjeckanih

1 šalica svježeg ili smrznutog graška

Svježe mljeveni crni papar

1 funta Perciatelli ili Bucatini

12 unci mozzarelle, narezane na ploške

1 šalica svježe naribanog Caciocavalla ili Pecorina Romano

3 unce salame narezane na kockice

2 žlice nasjeckanog svježeg bosiljka

2 tvrdo kuhana jaja, narezana na ploške

1. Narežite patlidžan po dužini na ploške debljine 1/4 inča. Kriške obilno pospite solju i stavite ih u cjedilo najmanje 30 minuta da se ocijede. Isperite kriške i obrišite ih.

2. Zagrijte 1/4 inča ulja u velikoj tavi na srednje jakoj vatri. Pržite šnite jednu po jednu dok lagano ne porumene s obje strane, oko 5 minuta po strani. Ocijediti na papirnatom ručniku.

3. Ulijte ulje u veliki pleh. Dodajte luk i češnjak i kuhajte na srednje jakoj vatri uz često miješanje dok luk ne omekša (oko 5 minuta). Dodajte govedinu i kobasicu. Kuhajte, često miješajući, dok lagano ne porumene, oko 10 minuta.

4. Dodajte rajčice te sol i papar po ukusu. Kuhajte na laganoj vatri 20 minuta. Dodajte grašak i kuhajte još 10 minuta ili dok se umak ne zgusne.

5. Zakuhajte najmanje 4 litre vode u velikoj posudi. Dodajte 2 žlice soli, pa tjesteninu. Dobro promiješajte. Kuhajte na jakoj vatri, često miješajući, dok tjestenina ne bude mekana, ali još uvijek vrlo čvrsta. Ocijedite tjesteninu i vratite je u

lonac. Pomiješajte tjesteninu s umakom. Ostavite da se ohladi 5 minuta.

6. Zdjelu ili vatrostalnu posudu od 4 litre obložite aluminijskom folijom i pritisnite je sa strane. Foliju namazati maslinovim uljem. Počevši od sredine zdjele, posložite polovicu kriški patlidžana, lagano preklapajući unutrašnjost i ostavite nekoliko kriški na vrhu.

7. Dodajte mozzarellu, naribani sir, salamu i bosiljak zajedno s tjesteninom i dobro promiješajte. Polovicu tjestenine stavite u pripremljenu zdjelu, pazeći da ne oštetite patlidžan. Po tijestu posložite kriške jaja. Na to stavite preostalo tijesto i spremljene ploške patlidžana. Lagano pritisnite.

8. Stavite rešetku u sredinu pećnice. Zagrijte pećnicu na 400°F. Pecite 45-60 minuta ili dok se središte ne zagrije, 140°F na termometru s trenutnim očitanjem. (Točno vrijeme pečenja ovisi o promjeru posude.)

9. Ostavite timbal da odstoji 15 minuta. Preokrenite zdjelu na tanjur za posluživanje. Izvadite zdjelu i pažljivo odlijepite foliju. Poslužite odmah.

Prženi ziti

Ziti al Forno

Za 8-12 porcija

Takva pržena tjestenina popularna je u južnoj Italiji. U vrijeme kada je malo domova imalo pećnice, posude za tijesto nosile su se u lokalnu pekaru da se peku nakon što je pekar završio s pekom dnevnog kruha.

    4 šalice<u>napuljski ragu</u>

Sol

1 funta zitija, pennea ili rigatonija

1 funta cijele ili poluobrane ricotte

1 šalica svježe naribanog sira Pecorino Romano ili Parmigiano-Reggiano

12 unci svježe mozzarelle, narezane ili nasjeckane

1. Po potrebi pripremite ragu. Zatim zakuhajte 4 litre vode u velikom loncu. Dodajte 2 žlice soli, pa tjesteninu. Dobro promiješajte. Kuhajte na jakoj vatri uz često miješanje dok gotovo ne omekša. Ocijedite tijesto.

2. U veliku zdjelu pomiješajte tjesteninu s 2 šalice ragua, 1 šalicom ricotte i pola naribanog sira. Od ragua izrežite mesne okruglice i kobasice i umiješajte ih u tijesto. (Preostalo meso možete poslužiti kao drugo jelo.)

3. Stavite rešetku u sredinu pećnice. Zagrijte pećnicu na 350°F. Raširite polovicu zitija u posudu za pečenje 13×9×2 inča. Po vrhu rasporedite preostalu ricottu. Pospite mozzarellom. Ulijte 1 šalicu umaka. Prelijte preostalim zitijem i još jednom šalicom umaka. Pospite preostalom 1/2 šalice ribanog sira. Čvrsto prekrijte zdjelu aluminijskom folijom.

4. Ziti pecite 45 minuta. Pokrijte i pecite još 15-30 minuta, ili dok se oštrica tankog noža ne zagrije u sredini, a umak mjehuri oko rubova. Ostavite da se ohladi na rešetki 15 minuta. Poslužite toplo.

Sicilijanska pržena tjestenina

Tjestenina al Forno alla Siciliana

Za 12 obroka

Obitelj mog supruga na Siciliji uživala je u ovoj tjestenini u posebnim prilikama poput Božića i Uskrsa. Bio je to specijalitet njegove bake Adele Amico, koja je bila iz Palerma.

Anellini "Mali kolutići" tipični su oblici od tijesta, ali ih je teško pronaći. Fusilli lunghi, "dugi fusilli" ili bucatini, debeli špageti s rupom u sredini, dobra su zamjena. To je savršeno jelo za zabavu jer se može pripremati u serijama ili dan unaprijed i služi mnogim ljudima.

Ako ne možete oblikovati tijesto, možete ga izrezati na kvadrate i poslužiti ravno iz posude. Nakon pečenja, pauza od 20-30 minuta pomaže da tijesto zadrži svoj oblik.

umak

1/4 šalice maslinovog ulja

1 srednja glavica luka, sitno nasjeckana

2 češnja češnjaka sitno nasjeckana

1/4 šalice pirea od rajčice

4 (28 oz.) limenke uvezenih talijanskih pelata

Sol i svježe mljeveni crni papar

1/4 šalice nasjeckanog svježeg bosiljka

punjač

2 žlice maslinovog ulja

1/2 kilograma mljevene junetine

1/2 kilograma mljevene svinjetine

1 režanj češnjaka, vrlo sitno nasjeckan

Sol i svježe mljeveni crni papar

1 šalica svježeg ili smrznutog graška

2 žlice neslanog maslaca, omekšalog

1 šalica običnih suhih krušnih mrvica

2 kg annellina ili perciatelli

Sol

1/2 šalice svježe naribanog parmigiano-reggiana

1/2 šalice svježe naribanog pecorina romana

1 šalica uvoznog provolona, narezanog na kockice

1. Priprema umaka: U veliki lonac ulijte ulje. Dodajte luk i češnjak. Kuhajte na srednjoj vatri 10 minuta ili dok luk i češnjak ne omekšaju i porumene. Umiješajte pastu od rajčice i kuhajte 2 minute.

2. Dodajte rajčice i pustite da prokuhaju. Posolite i popaprite po ukusu i kuhajte uz povremeno miješanje 1 sat ili dok se umak ne zgusne. Umiješajte bosiljak.

3. Za pripremu nadjeva: Zagrijte ulje u velikoj tavi na srednje jakoj vatri. Dodajte meso, češnjak te sol i papar po ukusu. Kuhajte 10 minuta, miješajući da se razbiju grudice. Kad meso porumeni dodajte 2 šalice pripremljenog umaka od

rajčice. Zakuhajte i kuhajte dok se ne zgusne, oko 20 minuta. Dodajte grašak. Neka se malo ohladi.

4. Premažite maslacem dno i stranice posude za pečenje 13×9×2 inča. Posudu za pečenje pospite prezlama i ulupajte ih da se zalijepe.

5. Stavite rešetku u sredinu pećnice. Zagrijte pećnicu na 375°F. Zakuhajte najmanje 4 litre vode u dvije velike posude. U svaki lonac dodajte 3 žlice soli, a zatim tjesteninu. Dobro promiješajte. Kuhajte na jakoj vatri, često miješajući, dok tjestenina ne bude mekana, ali malo kuhana. Ocijedite tjesteninu i vratite je u lonac. Pomiješajte tjesteninu s 3 šalice jednostavnog umaka od rajčice i naribanog sira.

6. Pažljivo stavite polovicu tijesta u pripremljenu posudu, pazeći da ne poremetite mrvice. Na tijesto ravnomjerno izlijte nadjev od mesa. Po vrhu pospite kockice sira. Na vrh izlijte preostalo tijesto. Žlicom izgladite sadržaj tepsije.

7. Pripremite rešetku za hlađenje i veliki pladanj veličine tave ili dasku za rezanje. Pecite 60-90 minuta ili dok se tijesto ne zagrije i postane hrskavo. Pustite da se tijesto ohladi u

kalupu na rešetki 30 minuta. Prođite malim nožem oko ruba posude. Zaštitite ruke kuharskim rukavicama i okrenite tijesto na pladanj ili dasku za rezanje. Izrežite na kvadrate i poslužite toplo s preostalim umakom od rajčice.

Sophia Loren zapečena tjestenina

Tjestenina al Forno alla Loren

Za 8-10 porcija

Glumica Sophia Loren voli kuhati, a napisala je i kuharice. Njegovo pravo prezime je Scicolone, kao i moje, iako moje ime dolazi od mog muža i njegove sicilijanske obitelji. Kao i moji djed i baka, Sophia je iz Napulja, iako je moje djevojačko prezime bilo Scotto. Često me pitaju jesmo li u srodstvu. Nismo, iako se divim Sofijinoj ljepoti i talentu, i kao glumice i kao kuharice.

Ovo je moj pogled na recept za prženo tijesto koji je nekoć bio opisan kao omiljeni u tvrtki. Ako ste namirnice unaprijed pripremili i spremili u hladnjak, produljite vrijeme kuhanja barem pola sata.

4 šaliceBolognese umakili drugi umak od mesa i rajčice

    4 šaliceBešamel

Sol

1 1/2 funte penne, ziti ili mostaccioli

1 šalica svježe ribanog Parmigiano-Reggiano

1. Po potrebi pripremiti oba umaka. Zatim namastite tepsiju 13×9×2 inča.

2. Zakuhajte najmanje 4 litre vode u velikoj posudi. Dodajte 2 žlice soli, pa tjesteninu. Dobro promiješajte. Kuhajte na jakoj vatri uz često miješanje dok tjestenina gotovo ne omekša. Ocijedite tijesto.

3. Stavite rešetku u sredinu pećnice. Zagrijte pećnicu na 400°F. Odvojite 1/4 šalice sira. Preko tjestenine prelijte polovinu umaka bolognese. Rasporedite oko 1/3 tijesta na lim za pečenje. Prelijte oko 1/3 bešamela i sira na vrh. Prelijte umakom Bolognese.

4. Ponovite ovaj postupak i dodajte još dva sloja sa svim sastojcima. Pospite odvojenim sirom.

5. Pleh obložiti aluminijskom folijom. Pecite dok se oko rubova ne stvore mjehurići i dok oštrica tankog noža ne bude vruća na dodir u sredini (oko 45 minuta). Poklopite i

pecite još 15 minuta. Izvadite tijesto iz pećnice. Ostavite da se ohladi na rešetki 15 minuta. Poslužite toplo.

Linguine s umakom od školjki

Linguine je sve Vongola

Za 4-6 obroka

Koristite najmanju školjku koju možete pronaći, npr. B. Manila školjka ili malo usko grlo. Novozelandske školjke uobičajene su u mom području, a možda i u vašem. Ovi također dobro rade. Talijani koriste nježne, vongole, meke školjke s tvrdom ljuskom i prekrasnim cik-cak oznakama. Ove školjke ili nisu previše zrnate ili se dobro očiste prije kuhanja jer se Talijani ne trude izvaditi školjke iz ljuski prije pripreme umaka.

Linguine s umakom od školjki ne možete poslužiti s ribanim sirom.

3 funte malih školjki s tvrdim oklopom ili novozelandskih školjki, dobro očišćenih

1/3 šalice ekstra djevičanskog maslinovog ulja plus još za prelijevanje

4 češnja češnjaka sitno nasjeckana

2 žlice nasjeckanog svježeg peršina

Prstohvat mljevene crvene paprike

1 funta linguina

Sol

1. Stavite školjke u veliki lonac s 1/4 šalice vode na srednje jaku vatru. Poklopite lonac i kuhajte dok tekućina ne prokuha i dagnje se otvore. Otvorene školjke izvadite šupljikavom žlicom i stavite ih u zdjelu. Nastavite kuhati neotvorene školjke. Odbacite onaj koji se ne otvara. Sačuvajte sok od školjki.

2. Radeći u maloj zdjeli da uhvatite sok, ostružite ljuske s školjki i prebacite u drugu zdjelu. Svu tekućinu iz tepsije zajedno sa sokom ulijte u zdjelu. Ako su školjke zrnaste, pojedinačno ih isperite u soku od školjki. Procijedite tekućinu kroz fino mrežasto cjedilo obloženo gazom.

3. Ulijte ulje u tavu dovoljno veliku da u nju stavite kuhanu tjesteninu. Dodajte češnjak, peršin i mljevenu crvenu papriku. Kuhajte na srednjoj vatri dok češnjak ne porumeni,

oko 2 minute. Dodajte sok od školjki. Kuhajte dok se tekućina ne reducira na pola. Umiješajte školjke. Kuhajte još 1 minutu.

4. U međuvremenu zakuhajte najmanje 4 litre vode u velikom loncu. Dodajte 2 žlice soli, zatim dodajte linguine i lagano pritisnite dok tjestenina potpuno ne uroni u vodu. Dobro promiješajte. Kuhajte uz često miješanje dok linguine ne postane al dente, mekan, ali čvrst na zalogaj. Ocijedite tijesto.

5. Dodajte tjesteninu u tavu s umakom i dobro promiješajte na jakoj vatri. Dodajte malo ekstra djevičanskog maslinovog ulja i ponovno promiješajte. Poslužite odmah.

Toskanski špageti sa dagnjama

Spaghetti alla Viaregina

Za 4-6 obroka

Evo još jedne verzije špageta sa školjkama koje se prave u Viareggiu na toskanskoj obali. Luk, vino i rajčice daju složeniji okus umaku.

3 funte malih školjki s tvrdim oklopom ili novozelandskih školjki, dobro očišćenih

Sol

1/3 šalice maslinovog ulja

1 manja glavica luka sitno nasjeckana

2 češnja češnjaka sitno nasjeckana

Prstohvat mljevene crvene paprike

1 1/2 šalice oguljenih, sjemenki i narezanih na kockice svježih rajčica ili konzerviranih uvezenih talijanskih rajčica, ocijeđenih i nasjeckanih

½ šalice suhog bijelog vina

2 žlice nasjeckanog svježeg peršina

1 kg špageta ili linguina

1. Stavite školjke u veliki lonac s 1/4 šalice vode na srednje jaku vatru. Poklopite lonac i kuhajte dok tekućina ne prokuha i dagnje se otvore. Otvorene školjke izvadite šupljikavom žlicom i stavite ih u zdjelu. Nastavite kuhati neotvorene školjke. Odbacite sve koje nisu otvorene.

2. Radeći u maloj zdjeli da uhvatite sok, ostružite ljuske s školjki i prebacite u drugu zdjelu. Svu tekućinu iz tepsije zajedno sa sokom ulijte u zdjelu. Ako su školjke zrnaste, pojedinačno ih isperite u soku od školjki. Procijedite tekućinu kroz fino mrežasto cjedilo obloženo gazom.

3. Ulijte ulje u veliki pleh. Dodajte luk i kuhajte na srednje jakoj vatri, često miješajući, dok luk ne porumeni, oko 10 minuta. Dodajte češnjak i mljevenu crvenu papriku te kuhajte još 2 minute.

4. Umiješajte rajčice, vino i sok od školjki. Kuhajte 20 minuta ili dok umak ne omekša i zgusne se.

5. Zakuhajte najmanje 4 litre vode u velikoj posudi. Dodati 2 žlice soli pa dodati tjesteninu i lagano pritisnuti dok potpuno ne potone u vodu. Dobro promiješajte. Kuhajte na jakoj vatri uz često miješanje dok tjestenina ne postane al dente, mekana, ali čvrsta na zalogaj. Odvojite malo vode od kuhanja. Ocijedite tijesto.

6. U umak umiješajte dagnje i peršin. Po potrebi dodajte malo vode. U zagrijanoj zdjeli pomiješajte umak i tjesteninu. Poslužite odmah.

Linguine s inćunima i pikantnim umakom od rajčice

Linguine alla Puttanesca

Za 4-6 obroka

Uobičajeno objašnjenje za talijanski naziv ovog ukusnog umaka je da su ga izmislili ulični trkači u Rimu ili Napulju koji nisu imali puno vremena za kuhanje, ali su željeli topao i ukusan obrok.

1/4 šalice maslinovog ulja

3 češnja češnjaka, vrlo sitno nasjeckana

Prstohvat mljevene crvene paprike

1 (28 unci) limenka uvezenih talijanskih pelata, ocijeđenih i nasjeckanih

Sol

6 tanko narezanih fileta inćuna

1/2 šalice nasjeckane gaete ili drugih blagih crnih maslina

2 žlice sitno nasjeckanih, opranih kapara

2 žlice nasjeckanog svježeg peršina

1 funta linguina ili špageta

1. Ulijte ulje u posudu dovoljno veliku da stane sva kuhana tjestenina. Dodajte češnjak i mljevenu crvenu papriku. Kuhajte dok češnjak ne porumeni, oko 2 minute.

2. Dodajte rajčice i prstohvat soli. Zakuhajte i kuhajte 15-20 minuta ili dok se umak ne zgusne.

3. Dodajte inćune, masline i kapare te pržite još 2-3 minute. Umiješajte peršin.

4. Zakuhajte najmanje 4 litre vode u velikoj posudi. Dodajte linguine i sol po ukusu. Lagano pritisnite tijesto dok potpuno ne uroni u vodu. Kuhajte uz često miješanje dok tjestenina ne postane al dente, mekana, ali čvrsta na zalogaj. Odvojite malo vode od kuhanja. Ocijedite tijesto.

5. Dodajte tjesteninu u tavu s umakom. Kuhajte na jakoj vatri 1 minutu, po potrebi dolijte malo vode od kuhanja. Poslužite odmah.

Linguine sa škampima i malim rajčicama

Linguine al Granchio

Za 4-6 obroka

U Napulju, sićušni sušeni čili dodaju okus mnogim umacima od plodova mora, ali koristite jaku crvenu papriku štedljivo, jer može nadjačati slast mesa rakova. Isto vrijedi i za češnjak, koji se u ovom receptu koristi samo za aromatiziranje ulja za kuhanje, a zatim se uklanja prije dodavanja rajčica i škampa.

1/3 šalice maslinovog ulja

3 velika zgnječena češnja češnjaka

Prstohvat mljevene crvene paprike

2 litre cherry rajčica ili rajčica grožđa, prepolovljenih ili na četvrtine ako su velike

Sol i svježe mljeveni crni papar

8 unci svježeg grudičastog mesa rakova, ubranog da se uklone komadići ljuske, ili mljevenog kuhanog jastoga

8 svježih listova bosiljka, narezanih na komadiće

1 funta linguina

1. Ulijte ulje u veliki pleh. Dodajte režnjeve češnjaka i crvenu papriku te kuhajte na umjerenoj vatri. Pritisnite češnjak jednom ili dvaput stražnjom stranom žlice dok češnjak ne postane tamno zlatne boje (oko 4 minute). Češnjak izvadite šupljikavom žlicom.

2. Dodajte rajčice te sol i papar po ukusu. Kuhajte, često miješajući, dok rajčice ne omekšaju i sok ne počne biti bistar, oko 10 minuta.

3. Pažljivo umiješajte škampe i bosiljak. Maknite s vatre.

4. Zakuhajte najmanje 4 litre vode u velikoj posudi. Dodati 2 žlice soli pa dodati tjesteninu i lagano pritisnuti dok potpuno ne potone u vodu. Dobro promiješajte. Kuhajte na jakoj vatri uz često miješanje dok linguine ne postane al dente, mekan, ali čvrst na zalogaj.

5. Ocijedite tjesteninu i sačuvajte malo vode od kuhanja. Dodajte tjesteninu zajedno s umakom i dodajte malo vode

ako vam se čini suha. Pirjajte na jakoj vatri 1 minutu. Poslužite odmah.

Linguine s miješanim umakom od plodova mora

Linguine ai Frutti di Mare

Za 4-6 obroka

Slatke male rajčice od grožđa pune su okusa poput Pomodorini della Collina, male brdske rajčice koja raste blizu Napulja. Ako nemate grožđane rajčice, umjesto njih upotrijebite cherry rajčice ili narezane svježe cherry rajčice.

Ovaj umak možete napraviti za kratko vrijeme potrebno za kuhanje tjestenine. Kako vam ništa ne bi zakuhalo, prije početka pripremite sve potrebne sastojke i opremu. Za uštedu vremena i truda možete koristiti već izrezane kolutove sipe (lignje).

1 funta očišćenih lignji (sipa)

6 žlica ekstra djevičanskog maslinovog ulja plus još za prelijevanje

Sol

1 funta srednjih škampa, oguljenih i očišćenih

2 velika češnja češnjaka, vrlo sitno nasjeckana

1/4 šalice nasjeckanog svježeg plosnatog peršina

Prstohvat mljevene crvene paprike

1 litra grožđa ili cherry rajčica, prerezanih na pola

1 funta malih školjki ili dagnji s tvrdim oklopom, očišćenih i bez ljuske kako je opisano u koracima 1 i 2Linguine s umakom od školjki, uključujući voćni sok

1 funta linguina ili tankih špageta

1. Izrežite tijelo lignje na krugove od 1/2 inča i prerežite bazu pipaka na pola poprečno. Narežite škampe na komade od 1/2 inča. Osušite plodove mora.

2. U tavi dovoljno velikoj da stane sve sastojke zagrijte 4 žlice ulja na srednje jakoj vatri. Dodajte lignje i posolite po ukusu. Kuhajte uz često miješanje dok lignje ne postanu neprozirne, oko 2 minute. Lignje izdubite šupljikavom žlicom i stavite na tanjur. U tavu dodajte škampe i posolite ih po ukusu. Kuhajte, miješajući, dok škampi više ne budu

ružičasti, 1 minutu. Premjestite škampe na tanjur s lignjama.

3. Dodajte preostale 2 žlice ulja u tavu zajedno s češnjakom, peršinom i paprikom. Kuhajte, miješajući, dok češnjak ne porumeni, oko 2 minute. Dodajte rajčice i sok od školjki. Kuhajte 5 minuta ili dok rajčice ne omekšaju. Umiješajte lignje, škampe i školjke.

4. Zakuhajte najmanje 4 litre vode u velikoj posudi. Dodati 2 žlice soli pa dodati tjesteninu i lagano pritisnuti dok potpuno ne potone u vodu. Dobro promiješajte. Kuhajte na jakoj vatri uz često miješanje dok tjestenina ne postane al dente, mekana, ali čvrsta na zalogaj. Ocijedite tjesteninu i sačuvajte malo vode od kuhanja.

5. Dodajte tjesteninu u tavu s plodovima mora. Kuhajte na jakoj vatri 30 sekundi, a zatim umakom prelijte tjesteninu. Po potrebi dodati malo vode od kuhanja. Pokapajte ekstra djevičanskim maslinovim uljem i ponovno promiješajte. Poslužite toplo.

Tanke špagete štapićima

Špageti s Bottargom

Za 4-6 obroka

Bottarga je sušena slana ikra cipla, tune ili druge ribe. Većina dolazi sa Sardinije ili Sicilije. Prodaje se cijela u hladnjačama mnogih ribarnica i gurmanskih trgovina, naribana ili ribana gulilicom za povrće ili ribežom za sir. Postoji i sušena vrsta u prahu koja se prodaje u bocama. Zgodno je, ali ja više volim ohlađenu verziju. Okus bottarge je nešto između kavijara i kvalitetnih inćuna.

1/3 šalice ekstra djevičanskog maslinovog ulja

2 češnja češnjaka sitno nasjeckana

2 žlice nasjeckanog svježeg peršina

Prstohvat mljevene crvene paprike

Sol

1 kg tankih špageta

3-4 žlice ribane ili naribane sticarge

1. Ulijte ulje u posudu dovoljno veliku da stane sva tjestenina. Dodajte češnjak, peršin i papar. Kuhajte na srednjoj vatri dok češnjak ne porumeni, oko 2 minute.

2. Zakuhajte najmanje 4 litre vode u velikoj posudi. Dodajte 2 žlice soli, pa tjesteninu. Dobro izmiješajte i nježno pritisnite tijesto dok voda potpuno ne potopi. Kuhajte na jakoj vatri uz često miješanje dok tjestenina ne postane al dente, mekana, ali čvrsta na zalogaj. Ocijedite tjesteninu i sačuvajte malo vode od kuhanja.

3. Dodajte tjesteninu u tavu i dobro miješajte na jakoj vatri 1 minutu. Po potrebi dodati malo vode od kuhanja. Pospite bottargom i ponovno promiješajte. Poslužite odmah.

Venecijanski špageti od cjelovitog zrna u umaku od inćuna

Bigoli u salsi

Za 4-6 obroka

U Veneciji se gusti špageti od cjelovitog zrna pšenice rade ručno posebnim alatom koji se zove tochio, a koji radi slično kao stroj za mljevenje mesa. Tijesto se gura kroz male rupice na plameniku i izlazi u dugim nitima. Za ovaj recept, koji je venecijanski klasik, koristim sušene špagete od cjelovitog zrna pšenice.

¼ šalice maslinovog ulja

2 srednje glavice crvenog luka, prepolovljene i tanko narezane

½ šalice suhog bijelog vina

1 (3 oz.) šalica fileta inćuna

Sol

1 kg špageta od cjelovitog zrna pšenice

Svježe mljeveni crni papar

1. Ulijte ulje u posudu dovoljno veliku da stane sva tjestenina. Dodajte luk i kuhajte na srednjoj vatri dok luk ne porumeni, oko 10 minuta. Dodajte vino i kuhajte, često miješajući, još 15 minuta, dok luk ne omekša, ali ne porumeni.

2. Inćune ocijedite, a ulje sačuvajte. U tavu dodajte inćune i promiješajte. Kuhajte još 10 minuta uz često miješanje dok se inćuni ne otope.

3. Zakuhajte najmanje 4 litre vode u velikoj posudi. Dodajte 2 žlice soli, pa tjesteninu. Dobro izmiješajte i nježno pritisnite tijesto dok voda potpuno ne potopi. Kuhajte na jakoj vatri uz često miješanje dok tjestenina ne postane al dente, mekana, ali čvrsta na zalogaj. Odvojite malo vode od kuhanja. Ocijedite tijesto.

4. Dodajte tjesteninu u tavu s umakom i miješajte na jakoj vatri 1 minutu. Po potrebi dodajte malo vode. Po želji ih pokapajte uljem od inćuna i po vrhu pospite svježe mljevenim paprom. Poslužite odmah.

Špageti Capri stil

Špageti alla Caprese

Za 4-6 obroka

Riba i sir rijetko se kombiniraju u Italiji jer ljutina sira može nadjačati ukus ribe. Međutim, postoje iznimke od svakog pravila. Evo tjestenine s otoka Caprija koja spaja dvije vrste ribe s mozzarellom. Okusi funkcioniraju jer je sir blag i bogat, ali pomalo dominiraju inćuni i tuna.

1/3 šalice maslinovog ulja

2 šalice oguljenih, sjemenki i narezanih na kockice svježih rajčica ili ocijeđenih i nasjeckanih uvezenih talijanskih rajčica iz konzerve

Sol

4 sitno nasjeckana fileta inćuna

1 (7 oz) konzerva tune u maslinovom ulju, ocijeđena i narezana

12 Gaeta ili drugih blagih crnih maslina, bez koštica i narezanih

Svježe mljeveni crni papar

1 kilogram špageta

Sol

4 unce svježe mozzarelle, narezane na kockice

1. U tavi dovoljno velikoj da u nju stane kuhana tjestenina zagrijte maslinovo ulje na srednje jakoj vatri. Dodajte rajčice i posolite po ukusu. Kuhajte 10-15 minuta uz povremeno miješanje ili dok sok od rajčice ne ispari. Isključite grijanje.

2. Nasjeckane sastojke pomiješajte s umakom od rajčice. Po želji dodajte papra.

3. Zakuhajte najmanje 4 litre vode u velikoj posudi. Dodajte 2 žlice soli, pa tjesteninu. Dobro izmiješajte i nježno pritisnite tijesto dok voda potpuno ne potopi. Kuhajte na jakoj vatri uz često miješanje dok tjestenina ne postane al dente, mekana, ali čvrsta na zalogaj. Ocijedite tjesteninu i sačuvajte malo vode od kuhanja.

4. Dodajte tjesteninu u tavu s umakom i dobro miješajte 1 minutu na srednje jakoj vatri. Dodajte malo vode ako vam se tijesto čini suho. Dodajte mozzarellu i ponovno promiješajte. Poslužite odmah.

Venecijanski linguine sa škampima

Linguine al Gamberi alla Veneta

Za 6 obroka

Možda zato što je njihov grad nekoć bio glavna trgovačka luka na Istoku, venecijanski su kuhari uvijek bili otvoreni za eksperimentiranje. Primjerice, ovaj linguine začinjen je kriškom svježeg đumbira, koji se ne koristi često u talijanskoj kuhinji, ali dobro ide uz škampe.

1 1/2 funte škampi, bez ljuske i žica

1/2 šalice maslinovog ulja

3 češnja češnjaka sitno nasjeckana

1/4 inča debeo komad svježeg đumbira, oguljen

Prstohvat mljevene crvene paprike

soli po ukusu

1 žlica svježeg soka od limuna

1 šalica suhog bijelog vina

2 žlice nasjeckanog svježeg peršina

1 funta linguina

1. Operite i osušite škampe. Izrežite svaku kozicu na komade od 1/2 inča.

2. Ulijte ulje u posudu dovoljno veliku da stane sva kuhana tjestenina. Dodajte češnjak, đumbir i mljevenu crvenu papriku. Kuhajte na srednjoj vatri dok češnjak ne porumeni, oko 2 minute. Dodajte kozice i veliki prstohvat soli. Kuhajte, miješajući, dok se škampi ne skuhaju, oko 2 minute. Dodajte limunov sok i vino te pustite da zavrije. Pustite da kuha 2 minute. Umiješajte peršin. Maknite s vatre.

3. Zakuhajte najmanje 4 litre vode u velikoj posudi. Dodajte 2 žlice soli, pa tjesteninu. Dobro izmiješajte i nježno pritisnite tijesto dok voda potpuno ne potopi. Kuhajte na jakoj vatri uz često miješanje dok tjestenina ne postane al dente, mekana, ali čvrsta na zalogaj. Ocijedite tjesteninu i sačuvajte malo vode od kuhanja.

4. Dodajte tijesto u tavu i kuhajte na jakoj vatri, miješajući, 1 minutu dok se dobro ne sjedini. Po potrebi dodati malo vode od kuhanja. Izvadite đumbir. Poslužite odmah.

Tjestenina sa sardinama i komoračem

Tjestenina sa Sardinijom

Za 6 obroka

Sicilijanci su opsjednuti ovim jelom i svaki kuhar tvrdi da ima najbolji, najautentičniji recept. Neki dodaju rajčicu, drugi kuhaju sardine na pari s komoračem, ali ja preferiram ovaj način kuhanja sardina zasebno i nadjevanjem tjestenine, a rajčice čuvam za neki drugi recept.

Komorač samoniklo raste po cijeloj Siciliji, a ova se tjestenina pravi od zelenih listova. Kultivirani komorač nema isti okus, a divlji komorač kod nas nije široko dostupan. Kako bih približio okus ovog klasičnog sicilijanskog jela, koristim kombinaciju svježeg kopra i uzgojenog komorača. Ne sir, već pržene krušne mrvice savršen su dodatak.

2 srednje lukovice komorača, narezane na kriške

1 šalica nasjeckanog svježeg kopra

1/2 žličice šafrana

1/2 šalice plus 1 žlica maslinovog ulja

1/4 šalice običnih suhih krušnih mrvica

1 funta svježih sardina, očišćenih i filetiranih (vidi napomenu)

Sol i svježe mljeveni crni papar

1 velika glavica luka sitno nasjeckana

6 fileta inćuna

1/2 šalice sušenog ribiza

1/2 šalice pinjola

1 funta Perciatelli ili Bucatini

1. Zakuhajte najmanje 4 litre vode u velikoj posudi. Dodajte komorač i kopar i kuhajte dok ne omekša kada ga probodete vilicom, oko 10 minuta. Izdubite komorač i ostružite ga šupljikavom žlicom, a kipuću vodu ostavite sa strane. Ostavite komorač i kopar da se ohlade i sitno nasjeckajte. U maloj posudi potopite niti šafrana u 2 žlice vode od komorača.

2. Zagrijte 1 žlicu ulja u maloj tavi na srednje jakoj vatri i, neprestano miješajući, pržite krušne mrvice dok ne porumene, oko 5 minuta.

3. Zagrijte 1/4 šalice ulja u velikoj tavi. Srdele pržite na ulju prvo s prerezanom stranom dok ne budu pečene, oko 1 minutu s obje strane. Sol i papar. Prebacite srdele na tanjur.

4. Obrišite tavu. Ulijte preostalih 1/4 šalice ulja u tavu. Dodajte luk i pržite na umjerenoj vatri dok ne porumeni, oko 10 minuta. Dodajte inćune, ribizle, pinjole, šafran te sol i papar po ukusu. Kuhajte 10 minuta uz često miješanje.

5. U luk sa čašom vode od kuhanja dodajte komorač i kopar. Kuhajte 10 minuta uz miješanje.

6. U lonac dodajte još vode da dobijete 4 litre vode za kuhanje tjestenine. Zakuhaj vodu. Dodajte 2 žlice soli, pa tjesteninu. Dobro izmiješajte i nježno pritisnite tijesto dok voda potpuno ne potopi. Kuhajte na jakoj vatri uz često miješanje dok tjestenina ne postane al dente, mekana, ali čvrsta na zalogaj. Ocijedite tijesto.

7. Stavite tjesteninu u tavu s mješavinom komorača i dobro promiješajte. Polovicu tijesta stavite u toplu zdjelu. Premažite polovicom sardina. Dodajte preostalo tijesto. Pospite prezlama i na to poslažite srdele. Poslužite odmah.

Penne s tikvicama, sabljarkom i začinskim biljem

Penne con Zucchine i Pesce Spada

Za 4-6 obroka

Vidio sam ovu tjesteninu u jednoj od mojih omiljenih talijanskih kuharica, A Tavola ("za stolom") u priči o kuhanju kuće na plaži. Kora i začinsko bilje čine jelo laganim i svježim. Savršeno za ljetni dan - čak i ako niste na plaži - uz salatu od rajčice.

1/4 šalice maslinovog ulja

12 unci sabljarke, obrubljene i izrezane na kockice od 1/2 inča

Sol i svježe mljeveni crni papar

4 do 6 malih tikvica, oko 1 funta, narezanih na komade od 1/2 inča

4 zelena luka, nasjeckana

2 žlice nasjeckanog svježeg ružmarina

2 žlice nasjeckanog svježeg vlasca

1 žlica nasjeckane svježe metvice

1/2 žličice sušenog origana, zdrobljenog

1/2 žličice naribane korice limuna

1 funta olovaka

1. Zagrijte 1 žlicu ulja u velikoj tavi na srednje jakoj vatri. Dodajte sabljarku i kuhajte dok riba ne izgubi ružičastu boju, oko 5 minuta. Izvadite sabljarku i stavite je na tanjur. Sol i papar.

2. U tavu dodajte preostale 3 žlice ulja i zagrijte na srednje jakoj vatri. Dodajte tikvice, luk i sol po ukusu. Kuhajte, često miješajući, dok tikvice ne omekšaju, oko 10 minuta.

3. Vratite sabljarku u tavu. Umiješajte začinsko bilje i limunovu koricu pa maknite s vatre.

4. Zakuhajte najmanje 4 litre vode u velikoj posudi. Dodajte 2 žlice soli, pa tjesteninu. Dobro promiješajte. Kuhajte na jakoj vatri uz često miješanje dok tjestenina ne postane al dente, mekana, ali čvrsta na zalogaj. Ocijedite tjesteninu i sačuvajte malo vode od kuhanja.

5. Dodajte tjesteninu u tavu i miješajte na jakoj vatri 1 minutu. Po potrebi dodajte malo vode za tjesteninu. Poslužite odmah.

Špageti s baccalom na Badnjak

Spaghetti con la baccala

Za 6 obroka

Baccala je važan dio ribljeg jela koje se poslužuje na Badnjak u većini južnih talijanskih domova. Ovaj recept mi je dala moja teta Millie Castagliola, čija je obitelj bila sa Sicilije. Teta Millie pravi isti umak kao preljev za pizzu s dvostrukom korom.

1 funta bakalara ili bakalara,

Sol

¼ šalice maslinovog ulja

2 srednje glavice luka, tanko narezane

2 stabljike celera, tanko narezane

2 češnja češnjaka sitno nasjeckana

2 šalice nasjeckanih konzerviranih uvezenih talijanskih rajčica s njihovim sokom

Prstohvat mljevene crvene paprike

1/2 šalice narezanih zelenih maslina

Operite i ocijedite 2 žlice kapara

1 kg špageta ili linguina

Ekstra djevičansko maslinovo ulje

1. U širokoj posudi zakuhajte oko 1 litru vode. Dodajte ribu i sol po ukusu. Smanjite toplinu na najnižu. Pirjajte ribu oko 10 minuta dok ne omekša. Ribu izvadite šupljikavom žlicom. Neka se malo ohladi. Prstima uklonite kožu i kosti. Ribu narežite na komade veličine zalogaja.

2. Ulijte ulje u veliki pleh. Dodajte luk i celer i kuhajte na srednjoj vatri dok povrće ne porumeni, oko 15 minuta. Istresti češnjak i kuhati još 2 minute.

3. Dodajte rajčice i crvenu papriku. Kuhajte uz povremeno miješanje dok se umak ne zgusne, 20 do 30 minuta.

4. Dodajte ribu, masline i kapare te kuhajte 10 minuta. okus soli.

5. Zakuhajte najmanje 4 litre vode u velikoj posudi. Dodajte 2 žlice soli, pa tjesteninu. Dobro izmiješajte i nježno pritisnite tijesto dok voda potpuno ne potopi. Kuhajte uz često miješanje dok tjestenina ne postane al dente, mekana, ali čvrsta na zalogaj. Ocijedite tjesteninu i sačuvajte malo vode od kuhanja.

6. Dodajte tjesteninu u tavu s umakom. Dobro promiješajte na srednjoj vatri, po potrebi dodajte malo vode od kuhanja. Pokapajte s malo ekstra djevičanskog maslinovog ulja i odmah poslužite.

Linguine s pestom od tune

Linguine al Tonno

Za 4-6 obroka

Sirovi umak ove sicilijanske tjestenine sličan je pestu, ali s okusom inćuna. Neposredno prije posluživanja tunu iz konzerve prelijte umakom i tjesteninom.

1 šalica čvrsto zbijenih listova svježeg bosiljka

3/4 šalice čvrsto zbijenih listova svježeg peršina

1/3 šalice pinjola

2 češnja češnjaka srednje veličine

1 (2 oz.) limenka fileta inćuna, ocijeđenih

1/3 šalice ekstra djevičanskog maslinovog ulja

2 žlice svježeg soka od limuna

1 (7 oz) konzerva tune u ulju (po mogućnosti uvozna talijanska ili španjolska tuna u maslinovom ulju)

Sol

1 funta linguina

1. Bosiljak, peršin, pinjole i češnjak sitno nasjeckajte u sjeckalici s čeličnom oštricom. Dodajte filete inćuna, ulje i limunov sok i miksajte dok smjesa ne postane glatka.

2. Zakuhajte najmanje 4 litre vode u velikoj posudi. U većoj posudi zgnječite tunjevinu vilicom. Umiješajte umak.

3. U kipuću vodu dodajte 2 žlice soli, a zatim tjesteninu. Dobro izmiješajte i nježno pritisnite tijesto dok voda potpuno ne potopi. Kuhajte tjesteninu al dente, često miješajući, dok ne postane mekana, ali čvrsta na zalogaj. Ocijedite tjesteninu i sačuvajte malo vode od kuhanja.

4. Dodajte tjesteninu u zdjelu s umakom. Dodajte malo vode od kuhanja i dobro promiješajte. Poslužite odmah.

Hladna tjestenina s konfetima od povrća i plodovima mora

Tjestenina Fredda sa Verdure i Crostacei

Za 6-8 obroka

Dok sam putovao Italijom, glavni razlog zbog kojeg sam posjetio Argento, gradić u Emiliji-Romanji, bio je jesti u dobrom restoranu Il Trigabolo. Restoran je zatvoren, ali još uvijek se sjećam radosti kada mi je servirana ova osvježavajuća hladna tjestenina s hrskavo narezanim povrćem i plodovima mora. Većina povrća se blanšira, što znači da se ubaci u kipuću vodu i odmah stavi pod hladnu vodu da se prestane kuhati i ohladi. Hladna voda će posvijetliti boju, a povrće će zadržati nešto od svoje hrskave teksture.

Kod ovakve pripreme tjesteninu samo isperite u hladnoj vodi – nakon kuhanja je poslužite hladnu.

1 velika, čvrsta, zrela rajčica, očišćena od sjemenki i narezana na kockice

1/2 lb. kuhanih malih račića, izrezanih na komade od 1/4 inča

1 šalica mljevenog kuhanog jastoga ili 1/4 funte kuhanog mesa rakova, ubranog

1/4 šalice nasjeckanog svježeg vlasca

1/4 šalice nasjeckanog svježeg bosiljka

1/4 šalice ekstra djevičanskog maslinovog ulja, plus još za prelijevanje

Krupna sol i svježe mljeveni crni papar

1 kg tankih špageta

3/4 šalice vrlo sitno nasjeckane crvene paprike

3/4 šalice vrlo sitno nasjeckane žute paprike

3/4 šalice vrlo sitno nasjeckanih tikvica

2 manje mrkve, narezane na trakice šibica

1. U velikoj zdjeli pomiješajte rajčice sa škampima, jastogom, začinskim biljem i maslinovim uljem. Sol i papar.

2. Zakuhajte najmanje 4 litre vode u velikoj posudi. Dodajte 2 žlice soli, zatim špagete. Dobro izmiješajte i nježno pritisnite tijesto dok voda potpuno ne potopi. Kuhajte na jakoj vatri uz često miješanje. Otprilike 30 sekundi prije nego je tjestenina gotova dodajte papriku, tikvicu i mrkvu. Dobro promiješajte. Kada je tjestenina al dente, mekana, ali čvrsta na zalogaj, ocijedite je zajedno s povrćem u velikom cjedilu u sudoperu. Povrće je samo malo uvenulo.

3. Tjesteninu i povrće isperite pod tekućom vodom. Dobro ocijediti.

4. Dodajte tjesteninu u mješavinu rajčice i plodova mora. Baci dobro. Prelijte s još ulja i ponovno promiješajte. Poslužite odmah.